宇宙意識に聞いた

終末予言の「真実」

中島由美子
ホリスティックヒーラー

BAB JAPAN

はじめに

この本で「はじめまして」の方も、1冊目の『高次元に味方される生き方』で「お久しぶりです」の方も、こんにちは！

私の2冊目の著書を手に取ってくださり、ありがとうございます！　長野県で輸入天然石とアジア衣料、アジアンセラピーの店舗を5店舗経営しています、株式会社シャンティアジアプロモーション代表取締役の中島由美子です。

「ホリスティックヒーラー」という肩書きで、アジアのセラピーを紹介するトラベルライターとして活動したり、レイキヒーラー&ヒーラーセラピスト養成講座で教えたりしています。また、「一般社団法人ホリスティック数秘術®協会代表理事」として、心理療法ができる数秘カウンセラーの養成を行っています。

さらに、2021年からは、便宜上の肩書きですが「高次元コンタクティー」として、週に3、4回現れるUFO（高次元エネルギー体）の観測&撮影などもしています。

1冊目の著書『高次元に味方される生き方』では、２０２１年10月22日から始まったＵＦＯ体験を２０２４年5月まで記述しています。今回のこの本にはその5月から8月までに起きた偶然とも必然ともわからない、怒涛《どとう》の出来事を書かせていただきました。

「ヒーリング」「カウンセリング」「セラピー」「自然療法」「東洋医学」などなどのスピリチュアルなジャンルの勉強を、過去40年間で１０００万円をかけてしてきました。しかし、「ＵＦＯ」「地球外意識体」というジャンルは、「地球外生命は当然存在するにしても私のジャンルでは無い」と思っていたため、正直、さほどＵＦＯに興味は無かったのです。

ですが、２０２１年10月22日から２０２４年8月現在まで私とエネルギー型ＵＦＯ、流れ星型ＵＦＯとの交流は依然続いています。「あれ？　私は真面目に仕事ばっかりしていた人だったのに、いつの間にＵＦＯコンタクティに？？？」と、内心もやもやしながらです。

たとえるなら、立候補していない選挙で突然「はい！　貴方当選しました。だから仕事をしてください」といきなり言われたようなものです。「えっ？　何の話ですか？　仕事って私何をしないといけないんですか？　てか、一体誰がそれ決めたんですかぁ（汗）？」と、困惑しながら天に指示されたことを、おうかがいを立てながら実行している……と、いうような状態が現在なのです。

しかしながら「数秘カウンセリング」や「ヒーリング」や「セラピー」の仕事をしながら、会社経営もする仕事人間だった私が、ＵＦＯ（高次元意識体）とご縁ができたことで、大きく意識と行動が変わることになりました。「買い物は投票だ」という意識になり、安くても添加物どっさりの食品は買わない、メーカーの広告を鵜呑《うの》みにしない、「政治に興味ない」では無く、政治家をジャッジしてきちんと選ぶ、ニュースやメディアのいうことを頭から信じない、というようにです。

地球が汚れたら人間が病気になりやすくなるのと同じです。人間の身体が汚れたら環境もまた汚染されてしまうから、ＵＦＯにチャンネルが合ったことで自分の身体に入るものを厳選するようになりました。

出張が多いときは自炊もできないので、やむなくコンビニやスーパーに行くことになります。そのときは成分表示をチェックして、添加物の多いものには手を出さない、白砂糖をどっさり使った甘いものには手を出さないようにしています。

若いときの自分では考えられないくらいの変化です。「ＵＦＯ　高次元エネルギー体」との関わりによって、私の身にこんな変化が起こるとは……。世界中の一人一人が買い物のやり方を変えて「トランス脂肪酸、白砂糖、添加物どっさりの食品は買わない」という行動をすると、メーカーも「安くて添加物どっさり」の商品をつくらなくなります。

今はどの食品メーカーも「消費者は安ければ安いほど喜ぶもの」だと思っています。だから、原価を安く抑えるために、原材料の質が悪くても調味料でごまかしたり、大量生産して消費期限を延ばせるように保存料を使ったりしています。それが結果的に、「安くて身体に悪いもの」となるのです。

地球上のすべては有機的なネットワークでつながっています。この有機的なネットワークは人間に自覚があるにしろ無いにしろ、自然界のすべて、鉱物や植物や動物……果ては宇宙ともつながっているのです！

２０２１年からのＵＦＯとの出逢いは、頭では「理解できている」と思っていたことの事実を「腑に落ちた！」というところまで進化させてくれました。

そして私は私や私の周辺の友人達の家に訪れてくれているＵＦＯを「高次元から来ている意識体」と認識しています。それは、次の理由によります。

・彼らは何も無い空間に瞬時に現れ、消えるときはたいていグラデーションで徐々に消えていく
・私が行くところ、タイでもバリでも安曇野でも、自在にどこにでも現れる
・私の思念エネルギーを読んですぐさま反応する
・彼ら同志でもコミュニケーションがとれている
・私に起こることや地球のある程度の未来をすでに知っているふしがある

・エネルギー体のＵＦＯは、金属では無く、自在に変化するエネルギーでできている
・必要とあれば周波数を下げて地球の周波数に合わせ、金属化することも可能

……これらのことを考えると、地球の科学力をはるかに凌駕《りょうが》した「別次元の知的意識体」であろうと考えられるのです。

そして高い科学力というものは、高い知性と高い精神文明を持っていないと維持できません。地球人はこれまで、何度も高度な文明を天変地異で失って、進化をやり直してきました。これは、人類同士で共存できなかったり、自然界と共存できなかったり、精神的に堕落したりしたことで天変地異を止められなかったからだと考えるなら、彼らの意識と知性のレベルは、地球人よりもはるかに高度な状態であろうと予想できます（ネットで、好戦的な宇宙人がいるという話がありますが、好戦的で高い科学力があれば、地球に来る前に同士討ちで自滅しているはずでは？と思います。それこそ今の地球人がそうですから）。

本の後半では世間で騒がれている2025年7月の終末予言に関して書いていますが、「予言」と「預言」は、若干《じゃっかん》意味が違います。

「予言」とはこうなるであろうという前提の未来を研究、調査、解析、予測、直感などを経て前もって公表していくことを指します。それに対して「預言」は神仏などの高次元存在からの意図や意志やアドバイスや警告の言葉などを人間が預かって公表するということを指します。

人間の思念エネルギーを読み、未来に起こることをすでに察知しているような動きをする「エネルギー型UFO」は、私にどんな意図を持って接近して来たのか。「それがわかった!」と、私が感じた体験(真実)があったことが、この2冊目を出版するきっかけになりました(タイトルを「真実」とかぎかっこでくったのには、そういう理由があります)。

たとえ全人類が「生きることは苦しいから世界が終わってほしい」と潜在意識で願っていたとしても、「高次元エネルギー体」は人類の破滅を望んで3次元に現れているわけでは無いのです。結論からいうと、彼らは**人類に干渉せず、できるだけ介入せず、**

進化の可能性の種をまくけれど、指示やコントロールはしないというスタンスです。

2021年からのエネルギー型UFOの接近遭遇で、なぜか私の金運が爆上がりし、天から1億降ってきました（このエピソードは拙書『高次元に味方される生き方』にあります）。そのお金というエネルギーを使って天が私に何をさせるつもりだったのか……今、それを理解しています。そして実は、約30年前に「ホピの預言」の自主上映をしていたときから、すでにシナリオは始まっていた！と気がつきました（実は現在の行動に続く伏線は、もっともっと時間をさかのぼって、実に小学校高学年のある日にまでさかのぼるのですが）。

若く、お金が無く、自己肯定感が低く、政治や自分の健康にも無関心で、ネガティブでシニカルな、若かった時代の私から現在の私までが、すでに1本の「宇宙の因果の糸」でつながっていた、と実感します。

これからの世界は確実に「激動期」に入り、昭和や平成の常識はすべて通用しないような社会になっていきます。先の読めない世界で「自称神様」「自称スピリチュアル」

「自称予言者」「自称霊能者」が跳梁跋扈《ちょうりょうばっこ》する状態です。こういうときこそ、ちゃんと「農業をしている人」とか「ホリスティックな医療に関わっている人」などとつながってください。

「なんちゃってスピリチュアル」は問題外ですが、ちゃんとしたスピリチュアルの方達にでさえ、貴方自身が「依存」してしまったら「あの先生の言うことが絶対です」という無力な自分のままでいてしまうことになります。その先に貴方の幸福はありません。スピリチュアルを、「きちんと道を間違えず」に学んだら、最終的に「自分が一番信頼できる！」になっていないと嘘だからです。

さて、今夜も天からのメッセージを受け取るために夜空を眺めることにします。

貴方もきっと仕事や育児や勉強に追われて忙しい毎日だと思いますが、心に余裕が無くなってきたら、ぜひ夜空を眺めて深く呼吸をして、ゆったりした心の状態で宇宙からのメッセージを受け取ってください。できればこのあとの章で説明する「星空瞑想」を行ってみることをおすすめします。

とても静かな夜空もあるし、星の配置や他の天体の動きなどの要因で、とても動きがある夜もあります。星同士が、実はちゃんとコミュニケーションをとっているということも目撃できるかもしれませんよ（これは星のフリをしたＵＦＯの行動なのかもしれませんが）！

人間同士が、言葉や呼吸やオーラなどの電磁情報のやり取りでエネルギーの交流をするように、人間は実は呼吸によって宇宙エネルギーとも交流できるんです。

さあ、星空観賞をご一緒に！

宇宙意識に聞いた終末予言の真実

第1章 私はいつの間にUFOコンタクティに……？

第2章 UFOが伝えたいメッセージとは？

第3章 奇妙に一致する終末予言の数々

第4章

ポールシフトが来る前にマインドシフトを！

第5章 最悪のケースと最高のケースに備える

第1章

私はいつの間に UFOコンタクティに……？

ある石との出会いで宇宙意識とつながる

この本が「はじめまして」の方に、予備知識として2021年から私の人生に起きたアンビリーバブルな出来事をまず説明させていただきます。前著をお読みくださった方には、本書を理解していただくための復習になると思います。

私の本業はパワーストーン屋4店の経営とヒーリングサロン2店の経営と、「ホリスティック数秘術®カウンセリング」や「不安解消カウンセリング」「レイキ・アチューンメント」「引き寄せの法則講座」などなどで、4店を飛び回っています。

長野県にある輸入天然石の店舗のお客様達に、私が8年前に「この石は絶対にブームが来る！」と確信した「高波動石フェナカイト」をおすすめしていたら、次々と奇跡的な一発逆転劇を起こしてお客様に感謝される、という事態が続発しました。

「あれ……？　誰よりもフェナカイトをたくさん身に着けている私に奇跡的ラッキーが来ないのはなぜだろう？」と思いつつも「まあ、好きなことが仕事になっている時点で幸せってことだよね」と考えていました。「欲張ったらバチがあたる」という、たいていの日本人にかかっている「呪い」を、私自身は解除できているつもりでしたが、実はやっぱり心の奥底に「お金は怖い」の呪いがしっかり残っていたんですね。

　でもその「お金の呪い」は2023年に40年来の友人Kちゃんがフェナカイトを購入後、奇跡的な財運のラッキーを引き寄せたのを見て大きく変化しました！「よくよく考えたら『私の幸せはここまで』って誰が決めたんだ？　神様か？　いいや……」。「自分の幸せのリミットを勝手に決めていたのは自分だった！」と気づいたのです。

　これもある種の「宇宙意識とのシンクロ」だと思います。身体に「宇宙から降りて来た電気」が走ったような「プチ悟り的感覚」を体感したら、どんどん現実は変化していきました。その結果、フェナカイトを身に着けて8年目に、なんと私にも「天から1億円が降ってくる！」という奇跡を私自身が体験できました。

UFOとの接近遭遇

4店舗の経営が、コロナにもかかわらず好調だった、ある秋晴れの日。2021年10月22日にUFOと接近遭遇、10月23日の松本市浅間温泉のUFO撮影、11月1日、高森町にある私の自宅上空のUFOと、それを追跡してきたらしい2機の軍用機?

これまで予想もしなかった出来事の数々を経て「???」だった私もさすがに、「私、UFOにロックオンされてる!?」と気がつきました。

それが自覚できると、もうUFOが週3、4回私のところに来ることは「あたりまえ」のような状況になり、それが今現在（2024年12月）まで続いているのです。

あらゆる超常現象は「神様が」「天使が」「霊が」などと結びつけてしまうと、そこで思考停止します。私はそうは考えず、「何か意味がある現象」で、UFOの側にも「何かの意図がある」のでは?と考えました。しかし彼らは、私に理解できる日本語、英語、インドネシア語で話しかけてきてくれるわけでは無いので、「正解」がわからないまま、3年近くが過ぎようとしていました。

ただ、さすがに3年近くもつき合っていると、コミュニケーションをとる方法も手探りでわかってきました。「この人を信用してよければ、1時間以内に現れてください」と空に唱えると、本当に数十分で現れて「YES」と教えてくれました。あるときは1時間半待っても全く現れないこともありました。

このコミュニケーション方法を確立する前は、空に大きく飛行機雲で「×」印が現れたり、雲が大きく丸い輪「○」をつくって見せてくれたりしていました。さらにあとの章で「種明かし」がありますが、UFOとのコミュニケーション方法は12月現在、さらに進化しています。

現れる10パターンのUFO

私、ＵＦＯにロックオンされてる……！？

現在、私のところに来てくれるＵＦＯは、大きく分けて9種類います。

その1◆エネルギー型

夕方の陽が落ちたあとの飯田市、高森町の西側の空に現れる、白く発光し、回転する出現頻度が最も多いタイプ。多いときで週に3、4回ペース、全く現れなくなると2週間ほどパッタリ来なくなります。

星だと思っていたものが３体。１体ずつ左に移動。

その2◆無点灯移動型

夜中に全く点滅せず、ゆっくりとふらふら揺れながら移動するタイプ。最初は「あれは人工衛星だよね」と思っていたら、ある夜、私の頭上で星だと思っていた光が、1個ずつ3個連続で順番に、北の空に向かってゆっくり移動していきました。その動きに「次はボクの番だから行くね～」というようなＵＦＯ同士のコミュニケーションを感じました。ただし、本当の人工衛星の可能性もあるので、判別は難しいです。

灰色雲は左に、白雲は右に。

その3◆雲に擬態型

最初は雲のふりをして空にいます。「あの雲は怪しい……」と感じると、私のその思念エネルギーをキャッチするらしく、すぐさま動き出します。

昨年の長雨が続いた7月に、高速道路を運転中、見渡す限り灰色の雲で空が覆われていたのに、小さな真っ白な雲が風の流れに逆走して動いていました。「惜しい！　色が違うんだよな～。色が！」と思ったら、瞬時に私の思念エネルギーをチャッチしたのか、端から灰色に雲の色を変えていきました。どうやって私の考えを読んだんだ？」と、あぜんとすることがときどき起きます。

エチオピアオパール色のＵＦＯが頭上に来る。

その4◆予告灯型

２年ほど前は、夕方のエネルギー型ＵＦＯが現れる前に、私の家のＵＦＯ観測スペース上空によく来てくれていました。エチオピアオパールみたいなオレンジ色に発光します。ベランダにいる私が、たいていスマホや本を見ていて、肝心の空を見ていないため、真上に現れて空に注意を向けるように促してくれていたのかもしれません。もう今となってはすっかり出てこないタイプで、２年ほど見ていません。

その5◆窓つき？ 巨大横長母船型

我が家のUFO観測スペースから、たった1回だけ目撃した、巨大母船タイプ。「いくら夜中3時の高森町でも、こんな大きなものを私しか見ていないはずが無い！」と思い、他の目撃者を募るも現れませんでした。

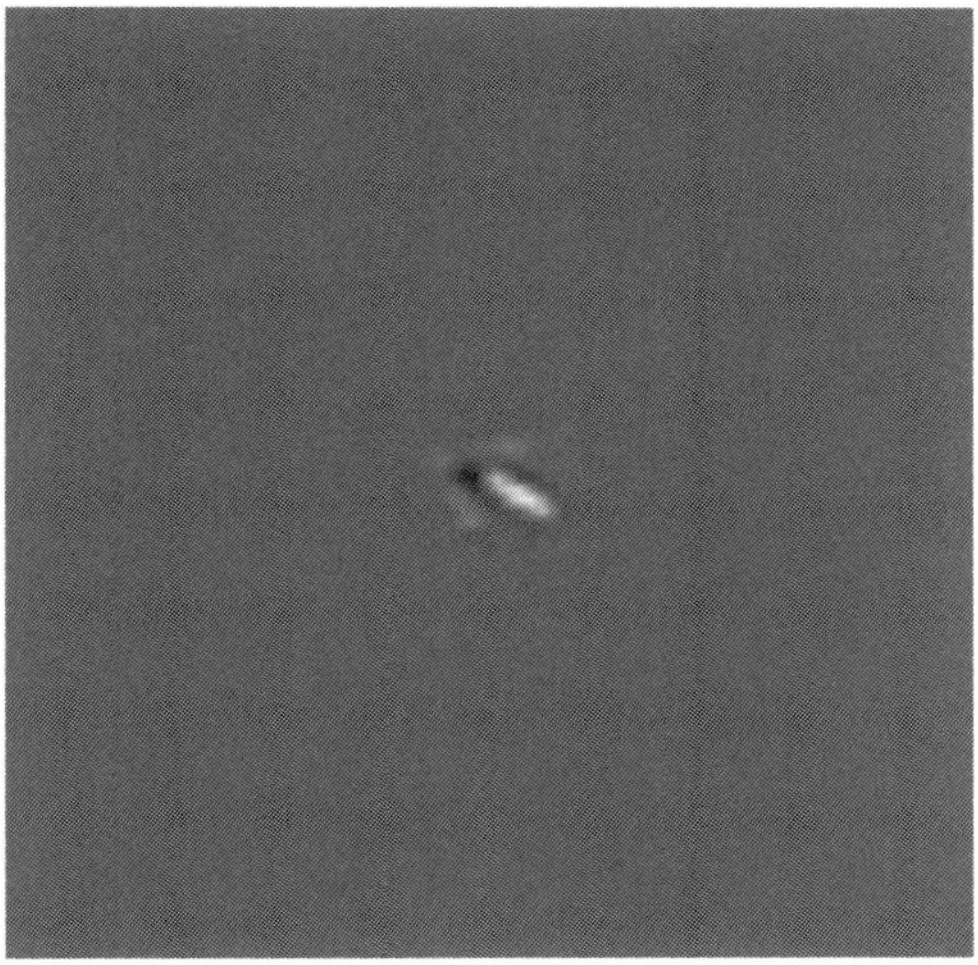

※特典映像で動画をご覧になれます。

その6◆飛行機擬態型

これは私と同じＵＦＯを、別の角度から撮影してくれる飯田市のＨさんがよく撮影してくれるタイプです。最初はＨさんのＵＦＯ観測に巻き込まれていただけの旦那さんが、奥様につき合ってＵＦＯ観測しているうちにどんどんチャンネルが合ってきて、最近では旦那さんのほうが先にＵＦＯを見つけられるようになっているそうです。

飯田市高森町に夕方現れるエネルギー型ＵＦＯは、位置的にＨさんの家からのほうが近いので、アップの動画が撮影可能なのですが、ひょっとしたら世界で初かもしれない、回転するエネルギー型Ｕ

FOに子機のUFOが収納され、その後エネルギー型UFOの発光が白から黒に変わるという、驚異的なシーンを撮影しています（拙著『高次元に味方される生き方』購入特典動画）。

そして本当に不思議なことに、最初ちゃんと飛行機の形に見えていたので気に留めないでいたら、徐々に形を変えてエネルギー型UFOに変化するバージョンがあるということに、2024年の夏から気がつきました（変形を証明する動画は私もHさんも撮影）。

この完全によく練られた「擬態」にはなんの意味があるのか？　数年間UFOを追っている私達でなければ、多分ほとんどの人は気がつかないと思うのですが……。UFOの意図がわからず、困惑した私はHさんに相談しました。

2人で話し合った結論は、「たぶん誰にでも姿を現したいわけでは無く、わかる人にだけわかればいい、ということなのかな？」というところに落ち着きました。でもそれならなぜ、擬態してまで週に何度も飯田市高森町の西の空に来てくれるのか……。わからなくてモヤモヤしていたのですが、2024年11月に一応の答えが出ています。

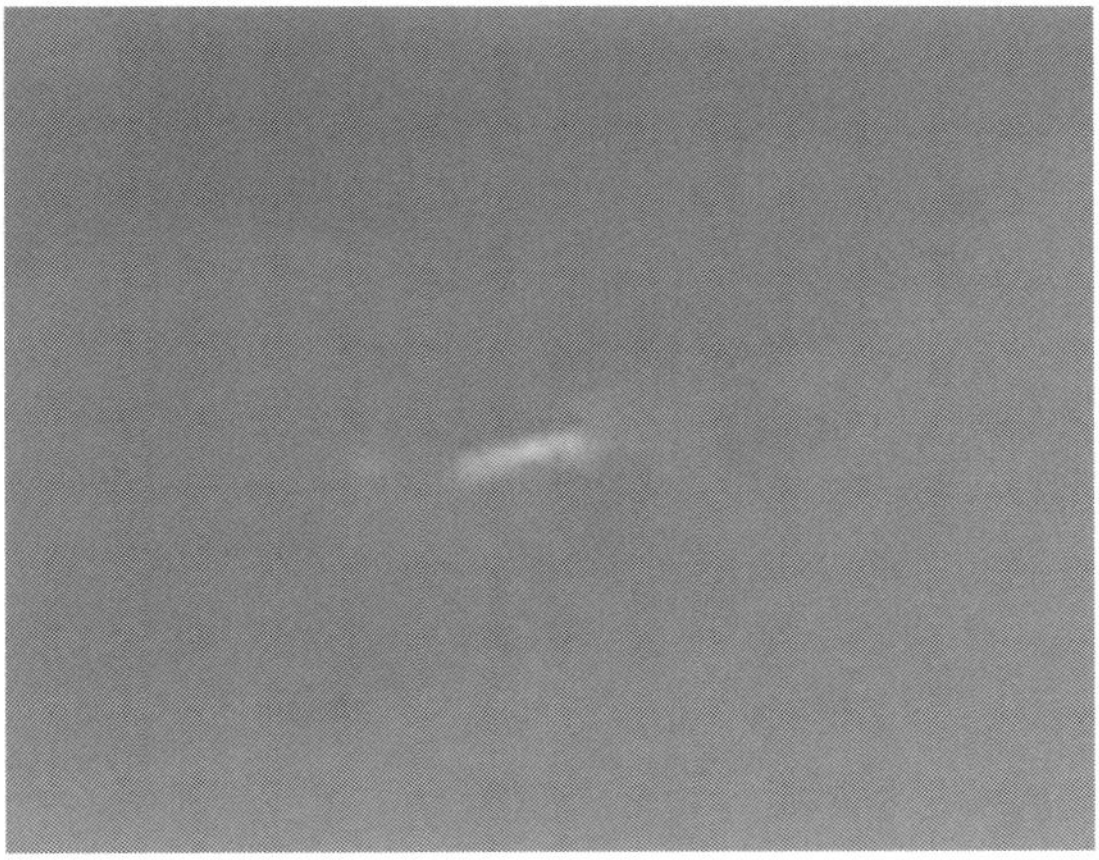

※特典映像で動画をご覧になれます。

その7◆窓つき？　横長楕円型

昔のアダムスキー型に似ている、おそらく私が２０２１年11月に小黒川サービスエリアで最初に撮影したものと同じ形であろうと思われます（上の写真）。この形のＵＦＯをＵＦＯ撮影仲間のＨさんや、豊丘村のＡさんも撮影しています。黒い部分と白い部分に分かれる楕円形で、水平に回転している動きが動画から見えます。

その8◆流れ星型

最初は「最近、流れ星をよく見るようになったな～」と思っていました。しかし、私が観測スペースに寝転がると、1時間以内に必ず私の頭上を星が流れるのです。さすがにこれを自然現象と考えるのはおかしい！と気がついてから、「これは流れ星に擬態した流れ星型UFOだ」と確信しました。

その9◆定点不動発光型

もっぱら夜中に現れます。動くことは無く、星も無い空間で、いきなり何度か発光してから消えます。これが現れると、その後に高い確率で、流れ星型UFOが現れます。

発光する回数にも意味があるらしく、ある夜に2回の強い発光と、しばらくして1回の強い発光があったので「これは2月1日と読むべきか、あるいは21日という意味なのか……?」と、HさんとLINEしていたら、前著の担当者様から「6月21日に書籍の発売が決まりましたよ！」と連絡をいただきました。「21日という意味でよかったんだ！　教えてくれていたんだね！」とわかりました。

その10◆四角い発光型

２０２４年夏あたりから増え出した、大きく四角いシルエットで発光が強力なタイプです。とにかく発光が強いので、遠方からでも見つけやすいです。

第2章

ＵＦＯが伝えたいメッセージとは？

これでもか！と続くUFO現象

私は4か所、5店舗をまわって仕事をしているため、「UFO観測時間（夏季はだいたい18時から19時で、冬季は16時半から17時半くらい）だとに帰宅が間に合わない！」というときにも、Hさんがしっかり撮影してくれています。

私もHさんも膨大な動画を保有しているのですが、私の場合はまず夜中の流れ星型UFOの撮影は最初からあきらめています。出てくる方向がわからないうえに、出現は一瞬、長くても2秒くらいだからです。たまたまバリ島でUFOらしき発光体を撮影中に、上から流れ星型が来て、偶然撮影できたことはありました（『高次元に味方される生き方』購入特典動画）。

そうなると動画で証拠を残せるのは、夕方のエネルギー型のみになります。どの動画もブルーグレーの空に白く回転して発光するエネルギー型UFOの動画なので、正直、見た目が地味！　どれも同じに見える！

自分でも動画の記録を確認しないと「これはいつの時期のどんな場面だったかな？　そもそもこれは日本か？　タイか？　バリか？」とわからなくなります。

ＵＦＯとそのまわりの空だけを切り取ると、みんな同じ絵ヅラになってしまいます。ＵＦＯの動きを文章で説明しようとすると伝わりにくいので、撮影できたものは、今回も購入特典動画を見ていただくことにします。

◆三角形にはなんの意味が？　うつろ舟伝説とＵＦＯの三角形への変形。

これはいまだにはっきりとした答えが出ていない謎なのですが……。今も目に焼きついている光景です。２０２１年10月22日に初遭遇した、まるで特撮のような「ビカビカビカッーー！」と、３個の光が３回激しく発光して雲ごと消えた！という場面の三角形の謎。

「ＵＦＯのことをちゃんと調べよう」という気持ちになり、ネットで目についた記事を読んでいたのですが、面白かったのが、江戸時代に書き残された「うつろ舟伝説」です。ここに描かれた「うつろ舟」はどう見ても完全なＵＦＯ型で、鉄製で朱塗り、窓はガラス製で格子は水晶製、とまで細かく記述されています。

長年うつろ舟研究を続ける岐阜大学の田中嘉津夫名誉教授は、「特に興味深いのは、すべての絵で窓の数が3個であること。想像にしろ、模倣にしろ、ほかの数でもいいと思うが、すべて3個なのは何か根拠があったからではないか」といっています。

現代につながるＵＦＯ目撃談の最初は、１９４７年のアメリカとされていますが、日本にはこれより約１４０年前の江戸時代から、なぜか統一性のある詳細な絵や説明が伝わっていたのです。江戸時代に目撃されていた水晶を搭載したＵＦＯが、中央自動車道の小黒川パーキングエリアで私をロックオンしたＵＦＯと同じだったら……と思うと、とても不思議な感覚になります。

飯田市や高森町、豊丘村に来てくれるエネルギー型ＵＦＯは、エネルギーであるがゆえに、自在に変形できてあたりまえなのですが、飛行中の変形を見ていると、丸型から三角形に変形することがとても多いのです。これは日本の雑誌に掲載された、アメリカで撮影されたという「クッキリ3角形のＵＦＯ画像」でも確認できました。

「三角形にはなんの意味が?」といろいろ調べていたら、面白い考え方がたくさん出てきました。古代の人間が「特に神聖視していた形」といわれていて、「始まりと中間と終わり」を示し、「安定」するなら四角だけれど「変化・拡大・成長」のパワーを望むなら、三角形がよいともいわれています。

さらに三角形は「人間界と神仏の世界(高次元)との関係を表す形」ともいわれていると知りました。エネルギーが増幅し、上昇する意識を人間に与えるというパワーの形なのだそうです。

「なるほど」と思いながら思い出すのは、タイの離れ小島でヨガと瞑想をしていた3日間。泊まっていたホテルが面していた、端から端まで約500メートルの入り江に、朝6時、ダブルレインボーが出ていました。

虹を見ると、その日の夜に必ずUFOが来てくれるので、夜8時頃にビーチに出ました。すると、全く同じ軌道を描いて「青いUFO」と「白いUFO」が時間差で来てくれました(この白いUFOと青いUFOは、登場するときの形が若干違います)。

白いＵＦＯは細くて長い。青いＵＦＯは先が太い。通常時間差で来る。

このタイの離れ小島での体験は私のＵＦＯ体験の中でも特に心に残った貴重な体験でした。島からバンコクに戻ったその後、バンコクのホテルの鏡で気がついたのですが、左胸元に1辺5センチの三角形の火傷のような赤い痣《あざ》がありました。

一瞬「アブダクション（宇宙人による誘拐のこと）？」という言葉が浮かびましたが、離れ小島の3日間は全く夢も見ないで熟睡できた超健康的な3日間で、何の記憶も無いのです。それでも「なんでも証拠をとっておかないと！」と思っていたので、「三角の痣」を撮影しました。

◆子機が母船に収納され、黒く変色

２０２４年3月29日18時、いつもの飯田市上空にいつものエネルギー型ＵＦＯが出現、ＵＦＯ撮影家のＨさんが撮ってくれた動画がいつもとは違う動きをしていてビックリ！　恐らく世界初の映像と思われますが、白い丸いエネルギー型が分裂後、ＵＦＯの周囲に子機らしき光が飛び回り、子機が本体のエネルギー型に収納されたと思ったら、なんと、白く発光していたエネルギー型が徐々に黒く変色したのです。これは、下界の人間の目からは見えないように存在をカモフラージュしているのだと思います。

「わざわざ飯田上空に来てくれているのに、変色して人間に見えないようにカモフラージュする意味とは？」と、Hさんと、しばしディスカッションすることになりました。

2024年4月から11月までのUFOとの遭遇

『高次元に味方される生き方』を上梓したあとの遭遇記録です。

◆バリ島レギャンの星のふりをしたUFO

2024年4月25日22時27分。バリに到着初日の夜、レギャンの宿のプールから夜空を眺めていたら、青いUFOがいきなり現れて、すぐに急下降しました。動画を撮れたのが奇跡！と思うほど、一瞬の出来事でした。

そういえば、前々回くらいのバリ島のやはり初日の夜、「やっぱりバリの星は大きい

バリ島レギャンの定宿にて遭遇

な～」と定宿のベランダで気を抜いて星を眺めていたら、星と思っていたものが、いきなり弧を描いて急下降して消えました。「星のふりしてたんかい！」と、思わずツッコミましたが、私のテンションと連動して出てきてくれるためか、海外出張初日に不意を突いて現れることが多いです。

ちなみに、この青いＵＦＯの動画を久しぶりに執筆のために再生したら、スマホ画面上のＵＦＯの周辺に、謎の発光が繰り返し現れました。この現象はなんなのでしょう（iPadで撮影したので証拠あり。画面の異常はこの青いＵＦＯ動画だけでした）？

◆多数の窓つき回転型ＵＦＯ

２０２４年5月20日18時38分。「窓つき？横長楕円形ＵＦＯ」の窓が一体いくつあるのか？と思うほど、数多く見えました。それが回転しているのもわかるＵＦＯが現れました（証拠動画あり）。

◆エネルギー型が消えたとたん横長楕円型が出現

２０２４年６月19日18時22分。いつもの我が家のＵＦＯ観測基地のベランダから、いつもの高森町の高圧電線付近にエネルギー型が現れ、ゆっくり下降。すると下降しながらゆっくり消えていきます。消える瞬間までは撮影しようと思い、撮り続けていたら、白い丸いエネルギー型が消えるや否や、同じ場所に瞬時に「窓つき？横長楕円形ＵＦＯ」が登場！

目がバグったのか？と思いつつ撮影を続けていたら、消えたと思っていた白い丸いエネルギー型が、「窓つき？横長楕円形ＵＦＯ」の下を飛んでいるのが写っていました。珍しい型違いＵＦＯの同時撮影でした。

◆なぜか見る人によって色が違うＵＦＯ

２０２４年6月21日19時14分。この日は飯田の町にピンクの大きな虹が掛かった日でした、虹とＵＦＯは何か関係があるのか、ここまでの経験で、虹が出ると必ずその日はＵＦＯが来るという法則を発見しています。この日は興奮したＨさんから電話がかかってくるほど、不可思議な行動をするＵＦＯが撮れた日でした。

まず同じＵＦＯを見ているはずなのに、旦那さんは「すげえ、真っ赤だ！」と言いながら撮影し、Ｈさんは「赤じゃないよ。黒だよ！」と言いながら撮影しています。

動画ではＵＦＯは黒に映っています。さらにこの日は、夜20時34分にも月に接近するＵＦＯが撮影されています（証拠動画あり）。

◆巨大母船型ＵＦＯは木村秋則氏も見ていた！

２０２４年7月5日夜中の3時27分。前の章の「ＵＦＯ分類」の中でも触れましたが、巨大で白く長い、たくさんの窓の並ぶＵＦＯでした。

タイミングが悪いことに、夕方もＵＦＯを撮影してバッテリーが少なくなっていて、スマホを部屋で充電していたのです。15秒くらい目の前にいてくれたのに「どうする？　スマホを取りに部屋に行くか？　でも取りにいってもこんな真っ暗な中にぼんやりとした白い影って絶対光量不足で撮影できない！　それなら

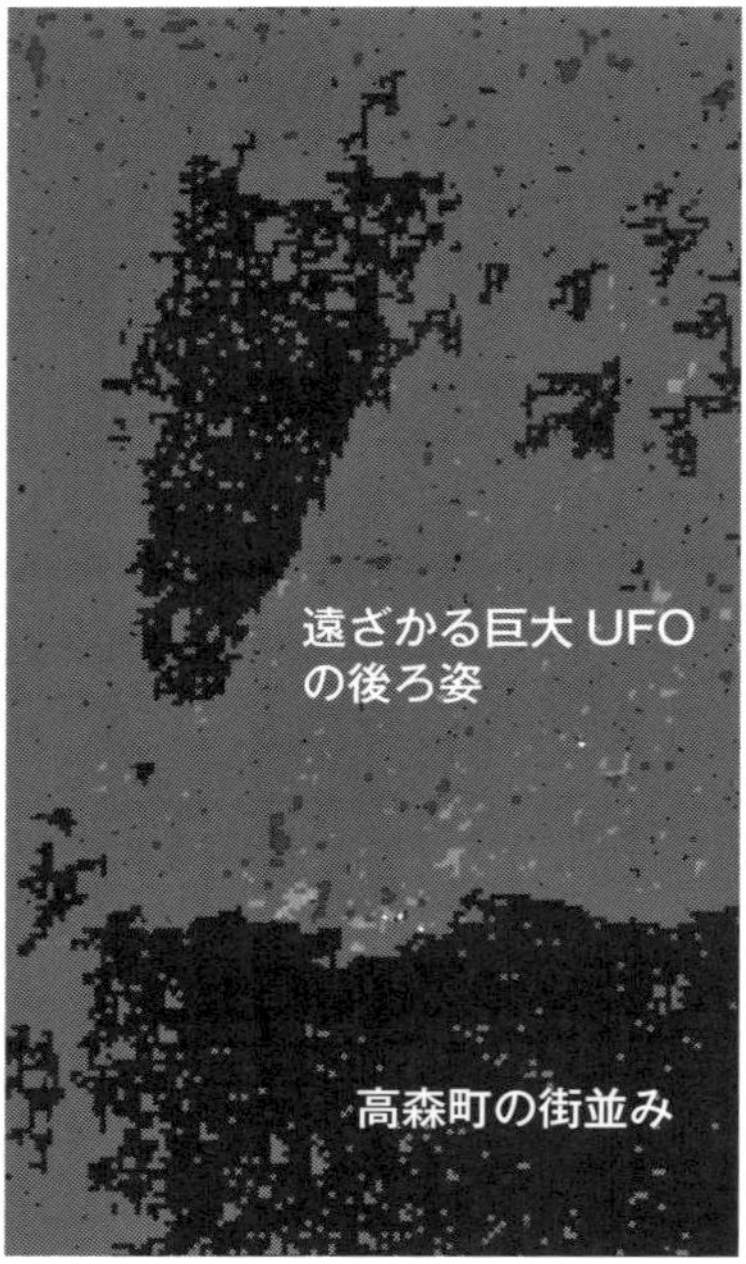

目に焼きつけて、あとでイラストを描こう！」と5秒くらい思い悩みました。その間もＵＦＯは、どんどん高森町の方向に進んでいます。

結局、巨大な白い影が目の前を通り過ぎたあとで、「フラッシュを使っての写真撮影なら、シルエットくらいは撮影できるかも！」と思い立って、あわててスマホを取りに行き、去っていく後ろ姿を撮影！　編集で無理やり明るくしてなんとか後ろ姿のシルエットがわかるようにできました。

やっぱ証拠って必要だよね～！　だって私がいくら「私のところに週に3、4回ＵＦＯ来てくれるんですよ～」って熱弁しても、これだけの動画や画像や他の目撃者などの証拠が無かったら「単なるイタいスピかぶれおばちゃんの妄想トーク」で終わりますからね（笑）！

ちなみにこの巨大母船型と同じタイプのものを、「奇跡のりんご」の木村秋則さんがご自分のＵＦＯ体験の中で目撃されていました。

『木村さんのリンゴ　奇跡のひみつ』（小原田泰久著　学研プラス）を読んで、木村さん直筆の巨大横長ＵＦＯの絵を見つけて、思わず「これだ！」と声が出ました。

偶然手に取った本に衝撃の事実を発見

この頃、長く尊敬していたカウンセラーの先生との対談が決まりました。私は小躍りしながら、早速自分の書庫に行って「どの本にサインしてもらおうかな～？」と本棚をあさり始めました。すると、20年以上目を通していなかった、スピリチュアルジャーナリストの小原田先生の『ホピ的感覚』（ベストセラーズ）が目につきました。「ああ、これ、懐かしいな～」と手に取り、さっそく読み始めたのです。次の瞬間、身体に電気が走るような衝撃の「ホピの預言」の事実に気がつきました。

私は若いとき、「ホピの預言」や「ガイアシンフォニー」などの映画の自主上映会を主催していました。なので、ホピ族が、2回の世界戦争と核戦争の預言、人類への警告をしていたことは知っていました。改めて20年ぶりに読んだ『ホピ的感覚』の中に、なんと「コロナ」の記述があった、という事実に衝撃を受けました。

この本自体が約20年前の出版でさらにホピ族の預言はさらに昔のことです。預言の詳細は次の章で書かせていただきますが、その衝撃的な事実に気がついたことで「自分はどうするべきなのか？」と、思い悩み始めました。

奇跡的ラッキーで対談が決まらなかったら、私は「ホピの預言」と再会することはあり得なかったはずです。運命がそう動いたことには「何かしらの天の意志」があるのでしょうか？

それともこれは単なる偶然で「偶然に起きた事象」に私のエゴが勝手な解釈をあとづけしているだけなのか？「心理学的にはそれもありうる話だ」と思います。「どの解釈を採用するかで今後が決まる。そしてそのどちらが正しいかはそれこそ天しか知りえない。私も含め、しょせん人間は、天の意志そのものは理解できないから、解釈してみるしか方法は無い。それなら1人で悩んでいないで、ＵＦＯとチャンネルが合ってる人達に相談してみよう！」と決めました。そして、近々行われるイベントの「宇宙意識講座」で、私が知りえた事実を伝えよう、と思いました。

真のアセンションを起こす

２０２４年７月７日。当社の癒しイベントで宇宙意識講座を行ったところ、11人の方が参加してくれました。講座では、「ホピの預言」の中にコロナの記述があり、それが確実に当たっていること。ホピ族だけでは無く、マヤ族の預言にも同じような人類の未来が書かれていること。さらに世界のたくさんの「終末予言」は、だいたい似たような予言になっていること。この終末予言と、私に起きた２０２１年からのＵＦＯ接近遭遇は、何かしらの関係があるのでは？と思っていることなどをお話ししました。

これを周囲に伝えてもよいのか。もし、単に不安をあおるだけの行動になったらまずいし、判断がつきかねるので、皆さんに意見を聞きたいと伝えました。そこでは、「預言の当たっている事実の部分だけを伝えて、解釈はその人の判断にお任せしたらいいと思う」という意見と、「警告は広げることで抑止力になる。災害警報と一緒だから広げるべき」という意見とがあがりました。

すると、ヨガの先生のみっちゃんが「この『引き寄せ講座』で、自分の身体が心の力だけで1センチも変えられたという体験をした。だからもし、世間でいわれているような『2025年の7月に隕石が落ちる』ことがあったとしても、全人類の意識が変われば、隕石の軌道を数センチ変えられるかもしれない。未来を変えようと意識することで変わるんじゃないかな?」と発言してくれました。

そして今後も、「宇宙意識講座」を続けていき、「終末予言」の話もすることにしました。「地球をこれ以上汚さない」「核に依存しない省エネ行動を皆が意識する」「心身が元気で無いと『こんな世の中、どうにでもなれ』という心境になりやすいから、自分の身体に農薬、添加物、不必要な薬を入れない」を心がけることを伝えていくことも決まっていきました。

4店舗すべてで宇宙意識講座を行ったところ、参加者は合計約100人でした。続けることによって、話を聞いた人が1000人になり、2000人になれば、少しずつ意識も変わっていくと思うのです。

そして、目の前の自分の生活でいっぱいいっぱいですという人達にも、今よりも少しだけ、「電気などの節約の省エネ」マインド、「自分だけのためにでは無く、地球のために」マインドを意識してもらいます。それができる人間が地球上で一定数を超えたら、本当の「アセンション（次元上昇）」だと思います。

「核なんて国のトップが決めることなのに、民間人のエコな節約なんて悠長なことが意味あるんですか？」という意見もありますが、今は「土の時代」のように「お金と権力があれば悪事は隠せる」という時代ではありません。シリアの独裁者が決起した民衆に権力の座から引きずり降ろされたように、一般市民の意識が変われば、法律も産業も政治も、よい方向に変えられる可能性はあると思うのです。

月は地球監視ステーション!?

ＵＦＯ撮影家のＨさんの会社の同僚のＡさんが、Ｈさんと一緒に飯田店でレイキを受講してくれました。その流れで私が「完全ボランティアで宇宙意識啓蒙講座をやらなきゃ、と思っている」という話をしたら、お2人ともたいへん共感してくれました。
その数日後、2024年7月9日21時ちょうどに、私の住む高森町に隣接する自然豊かな豊丘村に住むAさんの家の上空に、この日の夜、なんと5体ものUFOが出現！家族3人で、もうどれを撮影したらいいのかわからない！というくらいの大にぎわいだったそうです。

2024年7月17、18日。UFOは飯田市、高森町、豊丘村で活発に活動。Hさん、私、Aさんが撮影、夕方も夜も来てくれましたが、Hさんが月に向かって移動するUFOを撮影しました。
月に向かって移動するUFOは、実は飯田の多くの方が激写しています、「自然物では無い」という説がある月は、実は「UFOの地球観察ステーションなのではないか？」という説もありますよね。

NASAが行った実験では、月の内部は空洞もしくは内部の密度が非常に低いということが判明しているそうです。ほかにも月は地球の質量の8分の1と、衛星にしては他の衛星に比べて異常に大きすぎるのです。

自転と公転が一致しているために、月は常に表側のみを地球に向けていて裏側は見えません。そして月のクレーター（特に裏側に多い）は穴のサイズに比べてどれも極端に穴の深さは浅く、さらに穴の底は丸く盛り上がっているといいます。まるで月の内部がとてもかたい丸いものでできているかのように……。

このように「不自然な衛星である」月周辺では、多くのUFOが目撃されています。「月は人工物で、地球を監視するステーション説」は、個人的に根拠があると思っています。

UFOピープルのいいたかったこと

7月21日完全ボランティア参加無料の「宇宙意識講座」を飯田店2階で行いました。1冊目の本が発売された直後で、本を読んでくださった方が京都や名古屋からも駆けつけてくださり、2階がいっぱいになるほど多くのお客様が集まってくださいました。本当にありがたいことでした。

「コロナウイルスから人類へ」のメッセージを皆様に紹介して、私の2021年からの「突然起きたUFO体験」と「ホピの終末預言」のお話をさせていただきました。

そしてその夜はいつものベランダの観測スペースから空を見上げて、「UFOピープルの皆様、今日私は今の私にできるだけのことを精一杯やりましたよ」と報告したら、23時4分、夜空を広く覆っていた「うろこ雲」が急に私の観測スペース上空に集まり出し、あれよあれよという間に「原子力爆弾のきのこ雲」の形に変形したのです。

今までも空に○や×などわかりやすいシンボルを描いてメッセージを伝えてくれていた空に、こんなにわかりやすく、どう見ても「きのこ雲」をつくってくれたことにぼうぜんでした。

しばらく口を開けて見ていましたが、何はともあれ、証拠画像を撮影してから「そうか。貴方達は、『もっと核の危険と脅威を伝えろ。地球人に核を扱うのは無理だ』といいたいんですね！　ちゃんと説明ができなくて……す、すみませんでした」と、思わず天に向かって謝ってしまいました。

8月10日は、朝10時に伊那インター付近に「白いエネルギー型」が私の車の行く手に現れ（朝だったのでビックリ！）、16時ごろ伊北インター入り口に「四角い強い発光型」、さらに夜23時に我が家観測スペースから見て、ちょうど頭上にいる三角形の星の西側の星に南側から全く点滅しない飛行体が接近してぴったりと重なると三角形の星が赤く発光、それに答えるように飛行体も強く発光！　私が長年星だと思って毎晩眺めていた星は実は星では無いのか？　「ライオンズゲート」の時期だったからなのか1日に3度もＵＦＯを見る活発な日でした。

UFO ピープルからのメッセージ「きのこ雲」

ＵＦＯのあいさつ参り

「宇宙意識啓蒙講座」に賛同してくれて、「私達も長野市で由美子さんと同じことをやるよ！」と言ってくれた、長野を代表するニューハーフ占い師ひばり先生とヨガスタジオ「パーラガディ」のみっちゃん先生が、講座を開いてくれました。

その準備をしていた9月10日1時6分、長野市内で、みっちゃんのスタジオを出た2人は、スタジオの裏手上空にいるエネルギー型ＵＦＯを見つけ、動画を撮ってくれました、ここでも不思議なことに、ひばり先生は「赤と緑に光っている」と言っているのに、みっちゃん先生には違う色に見えているのです。

その後、2人は頻繁にＵＦＯを目撃することになります。ひばり先生にいたっては、白馬の実家にもついてきたそうで、動画を送ってくれました、2人とも「宇宙意識講座」に出て賛同してくれるまでは、ＵＦＯとは無縁の生活をしていた人達です。私は「ひょっ

としてＵＦＯは、この活動に共鳴してくれている人のところにあいさつに訪れている
のかも!?」と思い始めました。

このことはのちに、もっと多くの方達にも同様に起こりました。どうも本当にＵＦＯは、私達の活動や意識を把握していて、共感共鳴してくれた人たちのところを訪れているようなのです。なんとこれを証明するかのような出来事が、このあと４人に連続します！

実はひばり先生と私は40年来の古い友人で、うちのお店でいくつものフェナカイトを購入してくれています。さらにそこにＵＦＯとの接近遭遇という要素が加わると、私に起きたような「一発逆転系ラッキー」が天から降って来るという現象が起きやすいのです。なぜかはわかりませんが、地球の約５０００種類の鉱物の中で、最も高波動といわれるフェナカイトと宇宙パワーが、融合するからなのかもしれません。

その後も、ひばり先生のいるところに何度かＵＦＯの訪問が続き、本当に一発逆転のラッキーがひばり先生にも訪れました。ひばり先生は現在、私が主宰する「ホリス

ティック数秘術®協会」の副理事で「協会認定数秘カウンセラー」として活動しています。けれど、彼女の本当の夢は「作家になること」だったのです。すると、なんとひばり先生にも、「文章がたいへん面白いので、本を出してみませんか?」という出版のお誘いが来たのです。まさしく「一発逆転系、天から降って来たラッキー!」です。

次々と広がるUFO撮影の輪

Hさんが飯田の西の空に、20分ほども存在するUFOをコンビニエンスストアの駐車場で確認、撮影に入りました。長時間、空にカメラを向けているHさんを不審に思った店員さんに「何してるんですか?」と話しかけられたというのです。

「あそこに、ずっとUFOが」と言うと、「あっ! ホントだ!!!」と言うなり、コンビニの全スタッフ6人と一緒に撮影会が始まりました。このコンビニでUFOとチャンネルが合う人の輪が広がりました。

またこの時期、Ｈさんの会社の同僚Ｓさんも、ＵＦＯとチャンネルが合うようになりました。

Ｈさんの娘さんが、夕方いつもの場所に3体のＵＦＯを確認しました。うち1体は、四角い発光型です。

なんとこの日は、Ｈさんと娘さん、スピリチュアルご夫婦Ｉさんの奥様、さらに駒ケ根のトレーダーＭ奥様も同じエネルギー型を目撃していました。トレーダーＭ奥様は、当店でフェナカイトを買い、「宇宙意識講座」も「引き寄せ講座」も受講していただいています。この時期を境にどんどんＵＦＯとチャンネルが合うようになり、頻繁にＵＦＯ動画を撮影する人になっています。

バリ島での神秘体験

２０２４年９月29日。数年前から小金持ちのバリ人がこぞってプライベートプールつきヴィラを建設しています。

建物をつくるのは簡単でも、僻地《へきち》ほど集客はたいへんですから、バリ人の知り合いに頼まれて、新築ヴィラにモニター価格で格安で泊まったのですが、そこのスタッフに面白い話を聞きました、自分の田舎に本物のすごいバリアン（伝統的呪術師）がいる、と。

「いや、でもバリアンは偽物もたくさんいるし、バリ人は信じやすいからな～」と言ったら、「あの先生は本物ですよ！　私の息子に起きたことを言い当てて、さらにお祓いをしてもらったら、息子にはそれ以来悪いことが起きないんです！」と自信満々に返してきました。

「他のバリ人にはそのバリアンのことはしゃべらない」という条件で、情報をもらいました。そしてこの旅で友達になったスピリチュアル好き、クリスタル好きのアメリカ人アンドレアと一緒に、ウブドから1時間以上かかるド田舎の村に向かいました。

なぜほかのバリ人には内緒かというと、この国際的に高級観光地化したバリ島ですが、バリ人の精神構造は昔とあまり変わりません。相変わらずブラックマジックや心霊的なものが跳梁跋扈する呪術世界に生きています。

「本物のバリアン」というのは、バリ人にとって「自分を守る最後の奥の手」なのです。だから「自分がやっと見つけた本物の奥の手のバリアン」が「皆が知る有名バリアン」になることを嫌うのです。

「ずーっとバリでは仕事しかしていなかったから、このワクワク感は久しぶりだわー」と私。アンドレアは「私は初めてのバリだから、何をしてもエキサイティングだわ！特に今夜は！」とノリノリで向かうものの、何の光も見えない細い山道を1時間も走ると、「え……この先に民家あります？」と不安になってきます。

ようやく到着したバリアンの家は、予想外に質素でした。宿のスタッフが言うには「彼はバリ人からはお金を取らないから、どれだけ人を助けてもリッチにはならない。でも貴方達は外国人だから謝礼はちゃんと払ってね」とのこと。

光があり過ぎてすっかり夜空が見えなくなったウブドエリアと違って（正直、私の高森の家のほうが、バリの繁華街より星がたくさん見える）、この田舎はクリアに夜空が見えるので、バリアンの準備が整うまで夜空を見上げていたらＵＦＯが！「これは期待できる」と確信しました。

いろいろなバリアンがいろいろなやり方で霊視するけれど、彼のやり方は相談者の手を指で触りながら、相談者がイメージした情報を読むやり方です。私は「まず自分の旦那の健康と、私の４つの店のことを聞きたい」と伝えました。

「旦那さんの姿をイメージして」としばらく私の手を触り、エネルギーを読むことに集中していました。しばらくして目を開け、「旦那さんは身体のこの辺からこの辺までの間に悪い部分がある。心の状態がよく無いときに悪化した」と言い当てました。実際、数か月前、彼はそれが原因で入院していたのです。

さらに４つの店舗の異なるエネルギーを読んでくれて、ＵＦＯのお告げどおり、たいへん参考になるアドバイスをもらいました！

私のまわりに現れるＵＦＯは同じもの？

昨夜のバリアン体験で心身ともに絶好調で仕事していたら、夕方久しぶりに飯田のＴさんからＵＦＯ動画が届きました。17時28分、飯田市にいつものエネルギー型。すると19時28分に、私の引き寄せ講座を受けてくださった香川県のＭさんからもＵＦＯ動画が私に送られてきました。Ｍさん撮影のＵＦＯは、どう見てもいつも飯田市、高森町、豊丘村に来るエネルギー型と同じＵＦＯです。

17時28分に飯田市にいたＵＦＯは、19時28分には四国の香川県に移動していたわけです。そして「引き寄せ法則講座」を受けてくださった方々が、続々とＵＦＯとチャンネルが合って来ているという事実もすごい！

バリから帰国後の11月18日、夕方から飯田市のレストランのお客様15名様限定で、「UFOを見ながら宇宙意識講座」を開催しました。不思議なことに、3年前に高森町下市田で見た、真っ黒な軍用機2機の超低空飛行を3年ぶりに見ました。

なんとその軍用機の近くにやはりUFOがいたのです。私も軍用機と近いUFOを同じ画面で撮影したつもりが、ピントが合わず、肝心のUFOが、動画では見えませんでした。

さらに4時半くらいから会場にいたお客様8人が、同時にUFOを目撃し、撮影するという、大成功なUFO撮影大会になりました。1人でも多くの人がUFOとチャンネルを合わせて意識を変えれば、地球環境やネガティブな未来も改善できると思います。この高台にあるレストランは、絶好のUFO観測スポットでした。

後日談ですが、当社のLINEで高森町の超低空飛行する軍用機をアップしたところ、高森町隣の飯田市在住の奥様が「軍用機とUFO」を同じ画面で撮影してくれていました。

証拠があるので声を大にしていいますが、軍用機は間違いなくＵＦＯを追跡して高森町に来ていたといえます。３年前も、このＵＦＯ観測会の日も。

高森町、飯田市、豊丘村のあたりの住人は週に３～４回はＵＦＯが出て来てくれているので、もうあまり驚いたり、パニックになったりしないのです。「今日もいるね～。写真撮っておこうかな」くらいの感じです。

ＵＦＯの見え方ですが、実際のＵＦＯの出現場所はもっと西側の空だと思います。出現場所から近い順番で、飯田市のＨさん、高森町の私、豊丘村のＡさんなので、私のポンコツなカメラよりも（ズームにするとたいていピントが合わなくなります）Ｈさんのほうがより大きく鮮明に撮影できます。「ＵＦＯのまわりを飛ぶ子機」や「線香花火みたいな火花」をクリアに撮影してくれています。

さまざまな形になって現れてくれているＵＦＯは、実は「エネルギー型ＵＦＯ」の変形バージョンだと思っています。エネルギーの周波数を変えて変色したり、さらに大きく周波数を変えてメタリックな物質バージョンにもなれるんです。

軍用機はＵＦＯを追って来ていると確信した
2024 年 11 月 18 日

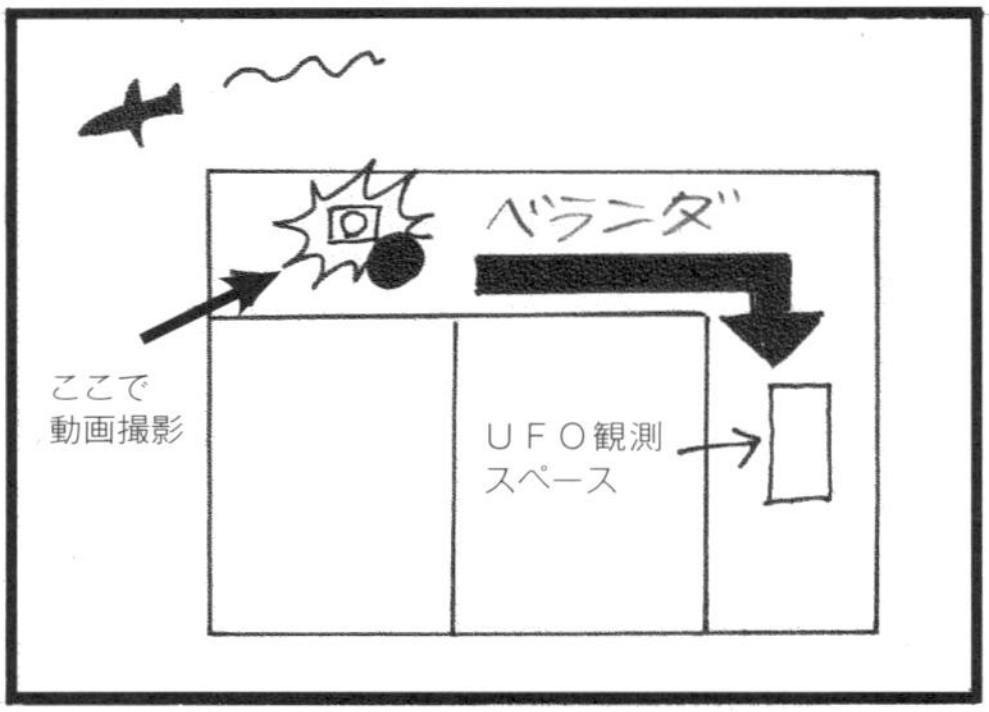

軍用機が裏に行ったので、ベランダを移動。

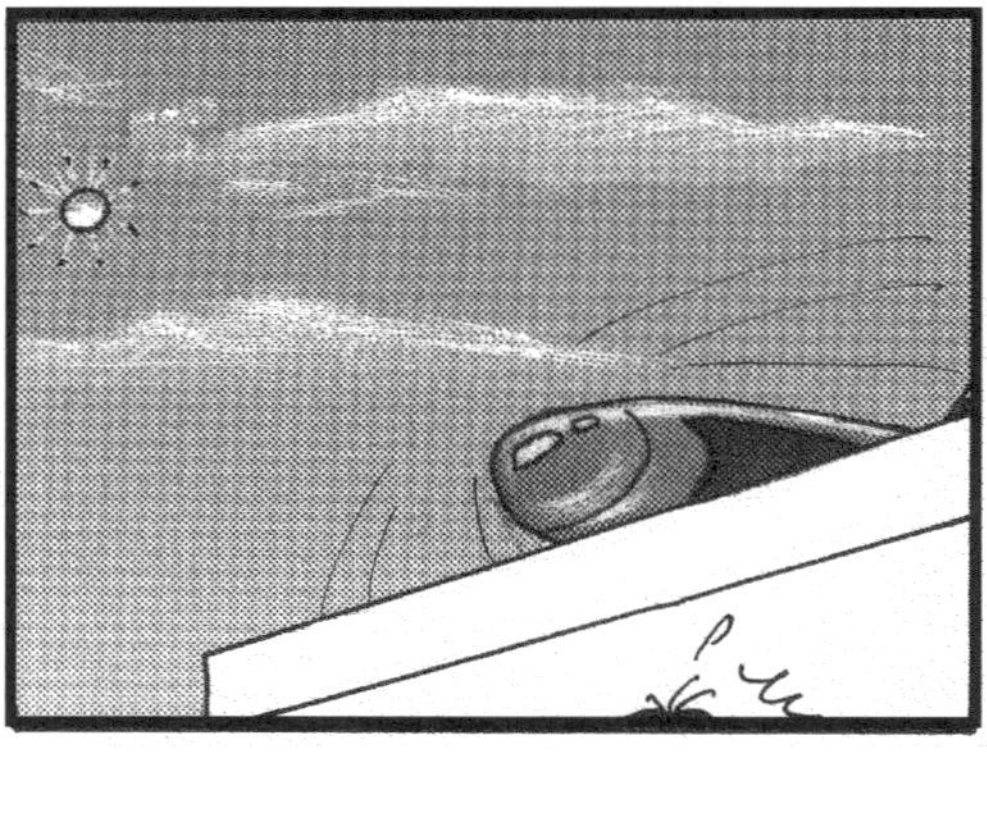

エネルギー型ＵＦＯがその先に！

軍用機が我が家の真上に！

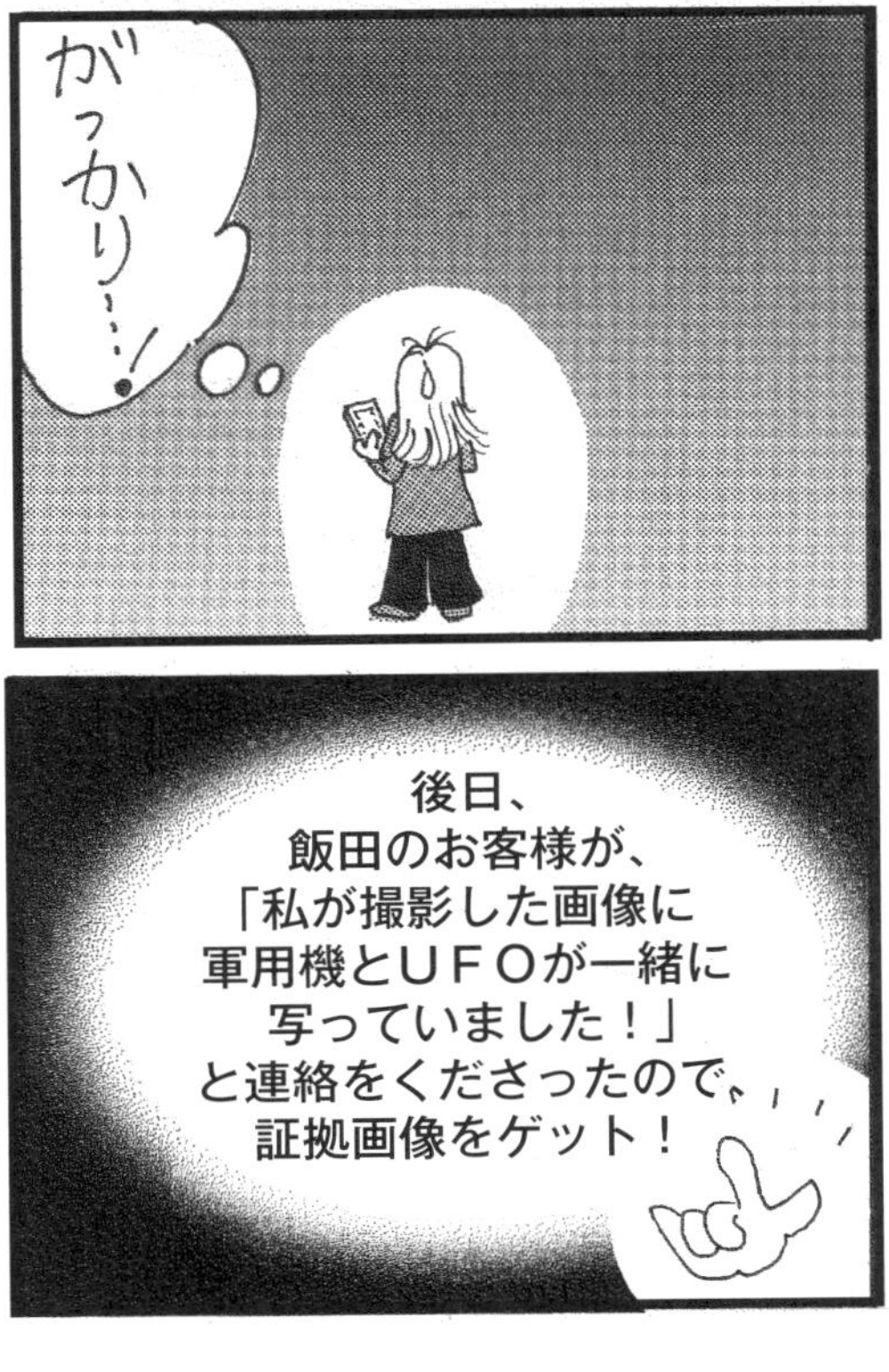

ＵＦＯと軍用機を同じ画面で捉えた！と思ったら！超絶ボケボケ

「引き寄せの法則講座」でも解説しているのですが、「すべては素粒子の動きの違い」で、素粒子は「粒にも波にも」「物質にもエネルギーにも」変換できる、という宇宙法則をリアルにＵＦＯを見ていて理解できました。

昔なら私が海外出張に出ている間は飯田市にはＵＦＯは出て来てくれませんでしたが、「宇宙意識講座」を開催するようになってからＵＦＯとチャンネルが合うようになったお客様が多数発生したからか、私のタイやバリ島への出張時にも、飯田、駒ヶ根、豊丘村、はては四国の香川県にも連日来てくれていました。

「私の担当ＵＦＯ」が「皆のＵＦＯ」になったことに若干のさびしさもありますが、宇宙意識にチャンネルが合う人が増えていくのは、天の望みでもあるので、これはよいことなのだと思います。

絵に描いた
ような
星形の星
月
落ちたー！
違った！
よく見たら
星?が真上に
急上昇！

時間差で来るので、青色と白色は
１体が周波数を変えてきていると思っていた。

が、ある夜中頭上で

君達、別々だったのか！

２体同時にスパーク！

青いＵＦＯは私の財運担当だったらしい。

一億という話になってから滅多にこなくなったから……
貴方のところへ行っていませんか？

第3章

奇妙に一致する終末予言の数々

日本のスピリチュアルを育てた4人のキーマン

帯津良一先生、先代の中川雅仁先生、宮田雪監督、小原田泰久先生。スピリチュアルを40年学んできた私にとって、この４人の先生方は、今も尊敬してやまない、その道のプロフェッショナルの方達です。

まず日本を代表する東洋医学のワンオブトップス、帯津良一先生。帯津三敬病院の帯津先生は、日本に「ホリスティック医療」という概念を広げた元祖のお医者様です。西洋医学に中国医学や代替療法を取り入れ、医療の東西融合という新機軸を打ち出し、がん患者などの治療にあたられています。人間をまるごと捉えるホリスティック医学の第一人者です。

さまざまな協会や団体で積極的に講演会をされているので、若いときから何度も追っかけのように講演会に参加させていただきました。もしも身内がガンになったら、帯津先生の帯津三敬病院にお世話になろうと決めていました。

帯津先生の病院では西洋医学的アプローチはもちろん、多くの代替療法が提案されていて、患者さんがそれを選択できます。鍼灸、びわ温灸、心理カウンセリング、ホメオパシー、気功、音楽療法、アロマテラピー、イメージ療法、太極拳、ヨーガ療法……。

「病気」が身体に現れるのは、一番最後の段階です。その前に「自律神経など生理的な乱れ」、その前に「極端な行動」、極端な行動をとらせる「ストレスフルな感情」、病気の種としての「認知間違い（『私さえ我慢すれば』『女だから我慢しないと』『全員に好かれなければ』ｅｔｃ．といった思い込み）」があります。

代替療法は病気の前の段階の「エネルギーの乱れ」や「心の乱れ」にも対応できるということを帯津先生に学ばせていただきました。

２人目はすでに故人ですが、「中川真氣功」の元会長、故中川雅仁先生です。外気功治療によってさまざまな難病克服に実績をもち、海外でも有名な世界屈指の気功療法家として活躍されていました。

初めて中川先生にお会いしたのは長野市の気功体験会です。私以外の皆さんは中川先生主宰の合宿に参加して本格的な気功師になりたいという方々ばかりでしたが、当時の私は、何をやっても根気が無く、仕事が続かないフリーターで、貯金が全然無かったため、正直合宿費用の支払いは厳しかったのです。そんな私に中川先生は「貴方はもう気は出ているから急がなくてよい、お金が貯まったら合宿に来なさい」と言ってくださったのです。

私は小学校高学年のとき、退屈な先生方の長いお話や興味の持てないイベント（体育会とか何かの発表会）で、自分の両手から出る磁気のようなものをこねて「透明ボール」をつくって1人で遊んでいました。「中川先生はそれをわかってくれたんだ！」と、うれしくて、しばらく中川先生の各地のイベントや体験会にお邪魔していました。

それは、長野県の体験会会場でのことでした。会場には200人くらいの参加者が中川先生の気を受けようと長蛇の列で、私も列の後ろに並んでいました。4分の1くらい列が終わった頃に、先生の身体が突然揺れて、そのまま倒れられたのです。会場は大騒ぎになり、体験会は中止になりました。その後復帰されましたが、再度の脳出血で数か月後に亡くなりました。

この体験は私にとって、とてもショッキングで悲しい出来事でした。「信じてついて行こう」と思っていた師の突然の訃報に、悲しみとともに本当に途方にくれました。

3人目も故人になりましたが、映画「ホピの預言」の映画監督、故宮田雪氏です。帯津先生、中川先生、小原田先生という、日本のスピリチュアルの重要人物をアリゾナのホピ族の土地に連れて行き、ホピの預言の語り部である長老マーティン氏に紹介した人物です。アメリカインディアンのホピ族の思想に深く感銘を受け、1978年から8年がかりで記録映画「ホピの預言」を完成させました。

私が若いときに「ホピの預言」「ガイアシンフォニー」などの自主上映を主催していて、縁がつながった方でした。

最後は、作家であり、ジャーナリストの小原田泰久先生です。1988年に中国を旅しているとき、ホリスティック医学の帯津良一先生、気功師の中川雅仁先生と出会われたそうです。彼らとの縁から癒しや代替療法に興味をもち、帯津良一先生の『ガンを治す大事典』（二見書房）の取材を担当されています。イルカにも興味を持たれてイルカをテーマとした書籍も著し、「イルカの癒しブーム」を巻き起こしました。そのほか、『木村さんのリンゴ　奇跡のひみつ』（学研プラス）、『ホピ的感覚』（ベストセラーズ）など、スピリチュアルなジャンルの書籍を多数執筆しています。

小原田先生はもう20年以上も前に、飯田市の講演会に来ていただいたときからのご縁です。私は小原田先生の著書を買いあさり、『ホピ的感覚』を、「これはすごいことを言っている、すごい名著だ！」と思って繰り返し読んでいました。

繰り返し読んでいた……はずなのに、20年という時間の流れと私の脳の老化という要因と……これはもっとあとでわかったことですが、「重要な時期が来るまでは、自分の設定してきたカルマをきちんと消化することに集中するため」に『ホピ的感覚』の中の、結構重要な「ＵＦＯピープル」部分をすっかり完全に忘れてしまっていたのです！「こんな重要な預言の部分をなぜきれいさっぱり忘れることができたのか!?」「自分で自分の脳みそが信じられない！」と本気で思いましたが、それも意味のあることだったようです。ですが、２０２１年10月のＵＦＯ接近遭遇までは、私にとってＵＦＯは本当に「完全な他人事」だったのです。

ところが、先述したとおり、『ホピ的感覚』に再び目を通すと、明らかに「コロナ」に関するホピ族の預言が書かれていたことに気づいたのです。

「戒厳令のようなものが世界中のいたるところで敷かれ、外から押しつけられる法律などに従わなければならなくなる」「動物が人間を襲うようになる、すべては自然界のバランスが乱れてきているから」「地球外の知性『UFOピープル』は長年地球を監視してきた。この世の終わりに地球に介入を始める」などなど……。

この本は約20年前に発行されたもので、ホピの預言の石板は、さらに1000年以上も前に彫られたものです。なのに明らかにこれはコロナのことを表現していると思われる記述があります。さらに、「UFOピープルは長く地球を監視してきたが、いよいよとなったら地球に介入する」と明言しています。

「コロナのロックダウン」の様子や、動物が狂暴化する「生態系の乱れ」は、皆さんも思いあたるでしょう。さらに最近多発する「UFOからの接近遭遇」はまさに私のまわりで起こっている！と思った瞬間、「宇宙から降りて来た電気的な感覚」が私を包みました。

これらを読んでいたときは本気で鳥肌が立ちました。そして、「なぜ私のところにUFOが来るようになったのかが全くわからない」と思っていましたが、その答えが突然やってきたのです。**「地球外知性は地球の破滅が近いと思って地球に介入してきているからだ！」**とわかった瞬間でした。

ホピ族の長老に聞いた預言と託されたメッセージ

「ホピ族」は「平和の民」という意味を持ちます。彼らは、アメリカ南西部、砂漠地帯のメサと呼ばれる丘に住む先住民族です。

アメリカ政府から長い間迫害を受け、ホピ族やナバホ族の居住地の地下に眠るウランを採掘させられ、多くの先住民が健康被害を受けました。そのウランが広島と長崎に落とされた原子爆弾になったのです。日本人とホピ族の間には大きな因果があったといえます。

「もしも空から灰がぎっしり詰まったヒョウタンが落ちてきたら秘密にされていたホピの預言を公表しなければならない」。

原爆資料館で見る原子爆弾はまさにヒョウタンに見える形をしているそうです。日本に原爆が使用されたことで、ホピ族の長老や神官たちは「ホピの終末預言」を公開することにしたのです。

4人の先生方をホピの村で迎えた、ホピ族の長老マーティン・ガスウィスーマ氏は、ホピ族の中では伝統派の長老で、ホピの民の近代化と西洋文明化に対しては「世界の破滅を加速する」と否定の立場をとっている人でした。

マーティン氏はさまざまなホピの伝承から「破滅に向かう世界を癒すのは日本人なのではないか」と考えていたそうです。けれど、1992年ホピの終末預言の警告を国連で訴えたにもかかわらず、国連はホピ族の警告を黙殺したという経緯などもあり、伝統派の長老たちは「預言の警告を世界に広げること」自体を半ばあきらめている、という状況だったそうです。

4人の先生方はマーティン氏から「最後の審判の日、クリスタルが入った機械で人間が振り分けられます」というメッセージを聞いています。

天然石を販売してきて30年の私からすると、クリスタルは「この世で最も安定した波動を出す浄化装置であり、プログラミングが可能な記憶媒体」です。その水晶パワーが終末の世で何かの大きな役割を持つ……その詳細を聞きたいところですが、マーティン氏の語りはここで終わってしまったということでした。

ホピの預言の中の石板に描かれた「ロードプラン」には、「地球と共存する道」と「破滅に向かう道」とがあり、大きな丸い円が2つ描かれています。

これは広島長崎に落ちた2個の原爆とも、第一次世界大戦と第二次世界大戦を表しているともいわれています。そして3個目の円は半分だけが描かれていて「これから来るであろう第三次世界大戦で使用される核」を表しているのではないか、という説もあります。

ホピの預言は9つ中8つが的中している

◆その1「白い肌の人間が来て雷で先住民を撃つ」

銃器や武器を手にアメリカを侵略したヨーロッパ人のことを表す。

◆その2「満ちあふれる回転する車輪の声」

当時の交通手段は馬車であったが、のちの自動車の普及を示す。

◆その3「バッファローに似た角が生えた大きな獣の侵略」

牧畜のために輸入された牛（当時の牛は角が長かった）の繁殖。

◆その４「鉄の蛇が平原を通る」

鉄道の発達を予言している。

◆その５「巨大な蜘蛛《くも》の糸が大地に張り巡らされる」

電線・電話線・送電線　あるいはインターネット回線の発達。

◆その６「石の川が大地に交錯する」

整備された車道、ハイウェイの発達を示す。

◆その７「海が黒く変色し、多くの生物が死ぬ」

世界的な海洋汚染や原油流出事故による海水汚染。

◆その８「長髪の若者がやってきて部族の生活と知恵を学ぶ」

60年代からの反戦運動やヒッピームーブメントを表す。

そして唯一まだ実現していないと言われる**第9の預言が「天にある住居が大音響とともに落ちてくる。それは青い星のように見えるだろう。それが落ちてきたらホピの儀式は終わりを告げる」**。

「天の住居」が意味するものは「宇宙ステーション」とも、（もし本当に月の内部が空洞でUFOの発着所だった場合は）「月」なのではないかとも、「隕石群なのではないか」ともいわれています。その「青い星」のように見えるものが地球に落ちてくると、ホピはもう「祈ることをやめる」というのです。その記述がとても怖く感じる部分です。

次々と明らかにされる「終末予言」

◆古代マヤ族に伝わる終末予言「地球は監視されていた」

古代マヤ族は、紀元前300~900年に、ユカタン半島に豊かな文明を築いた民族です。この民族にも、ホピの預言に似た終末予言が書かれた石板が残っています。マーティン氏が語るには「マヤ文明の第1段階」は神聖なる存在グレートスピリットとともに大地に根ざした平和な生き方をしていた段階でした。

「第2段階」はスペイン人が武器を持ってマヤの土地の略奪を始めた時期です。スペイン人はサンタフェという大都市を構築、乱開発が進み、生体系が乱れ始めます。同じ時期「地球外意識」が地球の監視を始めたといいます。

「第3段階」はコロンブスの侵略と先住民族の迫害、物質文明への変換です。

「第4段階」は現在、現代人はすでに大地とつながっていない、3本の矢は大きな3回の戦争を表すといわれています。ここでも「第三次世界大戦」が予言されているのです。

◆奇跡のリンゴの木村さんが宇宙人に教えられた「世界の終末」

映画「奇跡のリンゴ」のモデルになった無農薬、無肥料でのリンゴ栽培を世界で初めて成功させた、有名な農業家木村秋則さんは、もともと全くＵＦＯやスピリチュアルに興味が無く、自分の仕事を全力で頑張ってきた人でした。無農薬、無肥料でのリンゴの栽培に取り組むも、11年実を結ばず、精神的経済的にたいへん追い詰められていた時期に宇宙人にアブダクションされて、「地球の未来を見せられた」というビックリな逸話をお持ちの方です。

木村さんがお嬢さんと一緒に目撃した「横長で窓がたくさんある母船型ＵＦＯ」は、私が高森町で9月5日に目撃して、後ろ姿のシルエットだけを撮影できたＵＦＯと同じものだと思います。

木村さん直筆の横長母船型ＵＦＯの絵を見て、思わず「これだ！」と叫んだのを覚えています。

木村さんは宇宙人に「地球のカレンダー」を見せられ、「マヤ暦が終わる２０１２年よりは長いけど、意外と早く終末が来るんだな」と思い、「もう、あまり時間が無いから」と、ＵＦＯ体験を公表することにしたそうです。

ご自分の農業家としての偉業に、へたをすると水を差すようなＵＦＯや宇宙人エピソードをＮＨＫの取材でも堂々とお話しされていたという木村さんは、「リンゴもＵＦＯもどっちも本当に自分の人生に起きたことだから」と何冊かの著書や講演会でお話しされています。

◆彗星探索木内さんが臨死体験で見た「2つの未来」

長野県出身の惑星探索家「木内鶴彦」さんは22歳のとき、余命1週間と宣告されるほどの重篤な病で死を覚悟する中、幽体離脱を体験し、「時間軸を超越した5次元」に行ったそうです。

５次元空間の中で木村さんが見た宇宙の始まりの光景と地球の2つの未来は、１つは「荒れ果て廃墟になった地球」もう1つは「緑豊かなのどかな地球の景色」。どちらの未来が来るかは「まだ確定していない」ため、２つの違う未来が2重写しで見えたそうです。その後木内さんは「人類と自然が共存している未来」の実現のために、環境運動や健康問題に関して積極的に発言されています。

◆『日月神示《ひつきしんじ》』の終末予言「日本人は3分の1になる」

神典研究家の岡本天明に「国常立尊（国之常立神）」という神霊からの神示を自動書記によって記述したとされる書物『日月神示』。

その中に、「地つちの軸（地軸）動くぞ」という現代科学で立証されている「ポールシフト」を予言した記述があります。ポールシフトとは地球内部で発生する磁気の乱れなどの原因で地磁気のS極とN極が入れ替わる地磁気の逆転現象です。地球の磁気は近年急激に弱まっているといわれていて、近い将来ポールシフトが起こるのでは？という科学者もいるそうです。

神示には「三千世界の大洗濯」の時期が来たら富士山も動く。世界中がうなり、陸が海となるところや海が陸になるところもある。大地震火の雨降らしての大洗濯になる、という情景が書かれています。

個人的に「確かに！」と思った日月神示の記述部分は「目に見えぬところからの通信は高度のものほど肉体的には感応が弱くなり、暗示的なものになる。下級霊がかかった霊媒の態度や所作《しょさ》、動作、言動は高ぶったり、威張ったり、命令したり、断言したり、高度の神名を名乗ったりするものであるが、これらはよく見極めれば判る」というところです。

世紀末に山ほど現れる「自称神様」「自称霊能者」「自称チャネラー」でこういう人達を山ほど見てきたので、**だまされず、妄信せず、見極めなさい**、という部分には深く共感します。そしてさらにに日月神示の特筆すべきは、ロシアの侵略戦争の予言が、すでに的中しているという事実です。

「オロシヤにあがりておりた極悪の悪神、いよいよ神の国に攻め寄せて来るぞ。北に気つけと、北がいよいよのキリギリざと申して執念《くどう》気つけてありた事近うなりたぞ」（昭和19年12月6日／「第七巻　日の出の巻」第7帖）

「オロシヤの悪と申す泥海《どろうみ》字の頃から生きている悪の親神であるぞ。北に気つけて呉れよ」（昭和19年12月26日／「第七巻　日の出の巻」第20帖）

「三千世界の大掃除のあとは日本人は3分の1になる」という記述も有名ですね。

◆たつき諒先生の予言「私の見た未来」

今やスピリチュアル業界の人のみならず一般の方にも広く知れ渡りました。2025年7月5日の大災難を予言した漫画家のたつき諒先生。自身の漫画の表紙で「大災害は2011年3月」と記述しており、その本の出版から12年後の2011年3月11日に東日本大震災が起きたために「幻の予言漫画」と一躍有名になりました。

フィリピン沖の海底火山の噴火、もしくは隕石の落下で日本の海側に壊滅的な被害が出るという具体的なビジョンが妙な説得力を感じてしまいますね。

◆太陽フレア「2025年の7月に注意」

太陽フレアとは、太陽表面にある強い磁場を持つ黒点で発生する大規模な爆発をいいます。近年この黒点が増えているとされ、地球に大きな悪影響が出る可能性があるといわれています。実際にこれまで太陽フレアによって大きな影響を受けた事例は、次のようなものがあります。

１９８９年　カナダで電力会社の設備が故障
１９９４年　人工衛星通信衛星・放送衛星に障害
２００３年　スウェーデンで送電システムが障害
２００３年　多数の人工衛星や惑星探査機が機能障害
２０２２年　スペースX社が打ち上げた通信衛星40基が故障

私達の生活に大きな影響を及ぼす太陽フレアの被害は、２０２５年7月頃に大規模発生すると予測されています。太陽は11年周期で活発化を繰り返していて、２０１９年12月頃から25周期目の活性期に入るため、次に大規模太陽フレアが発生するのは２０２５年７月頃と予測されているのです。

偶然なのか、必然なのか。これも「２０２５年７月」と予測されています。

これは予言では無く予告

「後戻りできない危険な転換点（ティッピング・ポイント）が近づいている」と主張するのは、「WWF」。世界100か国以上で活動している環境保全団体です。

さまざまな地球環境に負の変化が蓄積すると、ある時点を境に自己加速的になり、大規模で急激で、しかも場合によってはもう後戻りできない状況となりえるのです。この臨界点が「転換点（ティッピング・ポイント）」です。自然界における転換点は、土地の劣化や、乱獲、気候変動などのさまざまな脅威が相互に作用し合って、転換点を迎えるといわれています。

将来的に地球上の多くの場所に転換点が訪れ、自然に対して壊滅的な結果をもたらす可能性があります。人類や大多数の生物に深刻な脅威をもたらし、地球環境の不安定化を招くような事態になるでしょう。

「ＷＷＦ」の調査によると、過去50年と比較した「生きている地球指数（ＬＰＩ）」の算出結果は、海域のＬＰＩは56パーセント減少、陸域のＬＰＩは69パーセント減少、淡水域のＬＰＩは85パーセント減少、地球規模での生物がこれだけの極端な減少をしています。地球上の動植物などの生命体が健康に生きていけない環境にあるのに、どうして人類だけが健康で繁栄することなどできるでしょうか？

　生態系の中で絶滅する種が増える一方の地球で、「人類」という種もまた、ゆっくり絶滅へ向かっているのでしょうか？

　地球環境の汚染は人類という子ども達が行う「母親殺し」と同じです。地球が汚れれば人間も健康ではいられなくなるのに、某大国の政権が代わることで、「環境よりも経済が大事」という舵取りに退行しました。

　環境汚染への意識を変えられない人間は、この先の「転換点」を回避できるのでしょうか？

「前の文明は水で終わった。今度は核で滅びる」

最後に私事ですが、私は10代のときに某大手新興宗教団体の教祖にスカウトされ、「これって何の役に立つのかな?」と思うような勉強をさせられました(世界中のマントラを勉強&暗記させられたりなどなど)。

精神世界に興味があっても「信仰心」というものはみじんも無い私が、なぜこの団体の教祖にスカウトされたのか、不思議でした。しかし、まわりの方がいうには、「貴方の誕生日の1962年12月10日は『霊界の浄化の火がこの世に生まれ出た日』だから、貴方は教祖に気に入られている」ということでした。

その中にはその団体が重要視する教義などの勉強もあり、最終的に「宗教団体に所属しなくてもスピリチュアルなことは勉強できる」と思って辞めてしまいました。けれど、ここで教えられた終末預言の数々も、今思えばびっくりするほど、あたっていたのです。

思い出せる範囲でいうと、「この世の終わりに男は女のようになり、女は男のようになる」。現代のＬＧＢＴムーブメントのことを予言していました。

私が主宰する「ホリスティック数秘術®協会」の副理事であるひばり先生は、長野県を代表するニューハーフ占い師なので、個人的には「性の多様性」は大賛成です。が、古い時代の宗教人には、とんでもないことのように写っていたのでしょう。

さらに「地球温暖化」の「お」の字も無かった時代に「地球はこれから暑くなる。あらゆるものが熱くなりすぎて、人々は踊りを踊っているように見える」。これはおそらく、道路や屋根などが足をつけていられなくなるほど高温になるということだと思います。事実インドやアメリカの異常気象でアスファルトが溶け、靴を必死ではがそうとする人々が道路で踊りを踊っているように見えるというニュースがありました。

この団体から教えられたことの中で一番インパクトがあった預言は、「前の文明は水で滅びたから今度は火で、核で滅びるだろう。『火の洗礼』のときが来る」というものでした。

第4章

ポールシフトが来る前にマインドシフトを！

現代人は心の中で破滅を望んでいる

最近、ホリスティック数秘術®カウンセリングのセッションでビックリするのは、10代20代の若いお客様が、「だって世界って来年の7月に終わっちゃうんでしょ？　長く生きなくていいならラッキー！」という発言を聞くことです。

「だってまだ貴方、いいことも悪いことも、ちゃんと体験していないくらいの若さなのに、来年世界が終わっちゃっていいの？」と聞くと、「だってお母さんとかを見ていると、長く生きても苦しいことばっかりって感じだし、だったら長生きしてもな～って思うし」。

「お母さんは貴方がイキイキと生きててくれたら、それだけで幸せだと思いますよ」というと、「え～っ、そんなこと絶対無いよ！　だってお父さんの稼ぎがもっとよければ、アタシがもっとよい進路に行ければ、とか、タラレバの不満ばっかだし！」と言うのですね。

なので、このお客様には「たった今から1円もかけずに幸せな人になるプチテクニックをお母さんに教えてあげて！」と、小さなアドバイスをお伝えしておきました。家族といえど、他人を「自分にとって都合のよい人」に変えることは不可能ですから。たった今から状況を改善できるのは、やはり「自分の視点を変える。認知を変える」ことしか無いのです。


「お父さんはちゃんと働けるくらい健康でいてくれてありがたい」

「娘はまだまだこれから可能性の塊でいてくれてありがたい」

「私も家族を支えるために働ける自分でありがたい。私に働く生きがいを与えてくれる家族がいてくれて、本当にありがたい」

「今、自分のまわりにあってくれるものに目を向けたら感謝しか無くなりますよ。あとは……たぶん貴方のお母さんの言っていることは『この子はもっと幸せになれるのに、もっと幸せになってほしいのに』って言葉で、これが本当に貴方に伝えたいことなんですね」と伝えると、「でも……お母さんは酔っぱらうと、簡単に『もう死んじゃいたい』って言うんです。しかも家族の前で！　それって『貴方達家族は、私にとっ

てなんの価値も無い』って言われてるのと一緒ですよね？」と泣きそうな顔で訴えました。

「自殺志願者を狙った連続殺人鬼が捕まると、『殺した人間の中で本気で死にたかった人は1人もいなかった』って言うそうですよ。酔っぱらった貴方のお母さんの『死にたい』は、本当に本気で死にたいんでしょうか？　私にはお母さんは『私もっと幸せになっていいはずなのに』って言いたいように聞こえます。無いものに焦点を合わせると、『ありがたい（有難い）』は出てこないから、愚痴りながらも仕事して、不平不満を言いながらも家族の世話をしてくれるお母さんに『そばにいてくれるだけでありがたい』って言ってみたらどうでしょう？」

「お母さんがそばにいてくれるだけでありがたい。……うん。『ありがたい』って口に出したら、お母さんへのイライラがちょっと無くなったかも！」と言ってくれました。

「言いにくいかもしれないけれど、お母さんがいてくれるうちに、生きてくれているうちに、『そばにいてくれているだけでありがとう』って伝えておいたほうがいいと思いますよ」と最後にお伝えしました。

この世の終末を人類が後押ししている

「終末予言」を加速させるものは、人々の利那的な「自分さえよければいい」という行動です。それよりも怖いものは、実は多くの現代人が、潜在意識で「こんな世の中、早く終わってしまえばいい」という感情を持っているということです。2025年の「終末予言」を、皆何かしら楽しいことのように語っているのでは?と思います。

思い返せば10代の若い頃関わっていた、「宗教、精神世界大好き系」の方達はどこか楽しいことを語るように「終末予言」を語っていました。スピリチュアルな価値観を持っている人ほど、口では「世直しの時代」「地上天国」「人類の進化の過程」と言っていても、本当は潜在意識の奥の奥で「こんな汚い世界は無くなってしまえばいい」と強く願っているものなのだな、と感じていました。

現代の世界情勢ではロシア、イスラエル、北朝鮮の核の脅威が高まっています。「戦争はよくない」と顕在意識で考えていても、実は平和運動や反戦運動、環境運動をしている人達が、純粋さゆえに潜在意識で「この汚れた世界の終末」を望んでいたら？

毎日毎日満員電車に揺られ、「家族のために頑張って働かなきゃ」と言っているサラリーマンの方全員が、潜在意識で「こんなつらい人生、早く核戦争でも起きて終わればいいのに」と思っていたら？

世界人口のほとんどの人間が潜在意識で「生きることはつらいから、早くこの世の終わりが来たらいいのに」と願っていたとしたら？

「思考は電気的エネルギー」「感情は磁気的エネルギー」といわれます。人類の心の奥底でうごめく感情エネルギーが、実は「終末」を望んで引き寄せているとしたら？


私達にはどんなに頑張っても、世界の核戦争を止める術はありません。けれど**自分の内面と向き合って、潜在意識でうごめくものに「意識の光」を当てて、ドロドロした暗いエネルギーを書き換えることは可能**です。地球上の一人一人が自分の幸せに責任を持てないと、終末は加速します。

だから、まずは自分から。自分の内面から。内面の平和に責任を持ちましょう。

世界の終末を加速させる行動

「安ければよい」は、「病気をつくる考え方」で、「自分さえよければいい」は「世界を破壊させる考え方」です。一般のメディアが流さない世界一の農薬、添加物大国「日本」では、なぜか政治家にはそれらを禁止しようという行動がありません。

「安いもの」が売れるからメーカーは添加物を大量に使用した日持ちする食品を販売する。それらが大量にコンビニやスーパーに陳列される。こんなに大っぴらに大量に売られているものがゆっくりゆっくり自分を病気にしていくものだとは知らない人達がそれを大量に消費する……。

毒素を溜めた身体は当然病気をつくります。働けなくなるから所得は減り、生活レベルはどんどん落ちていくでしょう。**「安ければよい」は結局豊かさや幸せを遠ざける考え方**です。

「損をしたくない」も、本当は豊かさを遠ざける認知ですが、本当に損をしたく無い人は「安いか高いか」では無く、**「自分の身体にとって得か損か」**で食べ物を選んだほうがいいでしょう。『お得な食べ物』はエネルギーを生み出してくれる食べ物で、「損な食べ物」は毒を溜めてゆっくり病気に向かわせる食べ物」。結局のところ**病気をつくるライフスタイルは一番コストパフォーマンスが悪い**のです。

繊細な人が他人の悪意から身を守る心の持ち方

バリ島でこの原稿を書いているので特にそう感じますが、バリ人と日本人は、「表面的には平和に皆と仲良くしなければならない」という、学校教育や同調圧力や気質的なものがとても似ています。バリ人にとっては、笑顔の裏の抑圧された怒りや恨みや嫉妬などのドロドロを解消するために、必要悪としての呪術やブラックマジックがあるのです。

それに対して日本人はどのように心の中のドロドロを解消するかというと、自分より成功している人や自分よりラッキーな人を匿名でバッシングすることで、自分の抑圧の憂さを晴らしています。「現代人の心が荒れている」と思うのは、未熟な自分の未熟な正義で、ネット世界で他人を裁き、糾弾、攻撃することに中毒している人が多い部分です。しかも、自分の未熟な正義のマウンティングに酔っているというところに、深い闇を感じてしまいます（その攻撃を匿名で行うという、責任や覚悟がこれっぽっちも無い状態で）。

芸能人がネットのバッシングを気に病んで自死する、というニュースを聞きますが、これは決して芸能人や著名人の世界だけに起きていることではありません。小さな会社やビジネスで、また学校という閉じた小さな世界の中や、個人サロンやヒーリングや占いなどの業界で、名前が少し売れて来ただけの一般人も被害者になっています。

私が関わっているヒーリングの世界では、この業界で生きていきたいという方は、「普通の会社で上司のセクハラやパワハラにあったり、横の人間関係に気を使ったりすることに心が耐えられないので、独立して仕事をしたい」という気持ちで仕事を始める方が多いのです。

実際にあった出来事ですが「自分はＨＳＰ（過度に繊細な気質を持つ人）だから、自分のペースでやれる仕事で生きていきたい」と、占いとヒーリングの勉強をしてから個人サロンで独立したＡさんという方がいました。私のサロンで「レイキヒーラー養成講座」を受けてくれた方がＡさんのお友達だったため、紹介されて私も何度かＡさんのインスタをチェックしたことがあります。

積極的に遠方のイベントにも出店していたようで、徐々にファンがついて占いイベントにも呼ばれるようになり、順調にお仕事をされているように見えました。ただ、少し気になったのは、彼女のファンのお客様からのコメントだけで無く、明らかに少し名前が売れて来た彼女に対するやっかみ、マウンティングコメントなどにも長文で真摯にコメント返しをしていたことでした。

私は「他人からの悪意コメント」は「自分が受け取らなければいずれ発信者に還るエネルギー」なので、わざわざ自分が全力で受け止める必要は無い、と思っています。だからAさんの長文のコメント返しが少し気になりました。「真面目すぎる人だな……」と。

その後コロナが本格化して、対面鑑定やイベント参加ができなくなったヒーリング業界では、電話鑑定やZOOM鑑定に移行する人が増えました。そんな中でAさんを紹介してくださった方から、「Aさんが自死された」と連絡が来ました。「若いときも鬱を患っていたけど、ヘイトコメントをずっと気に病んでいて鬱が再発した」末でのことだったそうです。

それを聞いてショックと同時に怒りが湧きました。こうした事件の場合、加害者側はビックリするほど罪悪感が薄いということを知っているからです。**ヘイターになってターゲットを攻撃したところで、こうした人達の欠乏感は変わらない**のです。またターゲットを変えて自分のコンプレックスを刺激する人間を探してバッシングし始めるだけです。

こうした3次元のパワーゲームには、加害者としても被害者としても、参加者にならないほうがいいです。どちらにとってもよい結果にはなりません。こうしたこともあって、この世界からゼロにはできない「他人の悪意」から自分を守る考え方を、本書でどうしても書いておきたい、と思ったのです。

貴方の味方はアンチの3倍いる！

私は若い頃、音楽プロモーターの仕事をやっていたのでわかりますが、音楽業界では「人の心に響くものを持っている」状態を「フックがある」といいます。売れるロックバンドや成功するシンガーは「存在自体や曲やルックス」などに「フックがある」わけです。

フックのある存在ほどアンチが先に動き出します。「こいつはテレビに出られてどうして自分は出られないんだ」とか、「こいつのほうが才能があるかもしれない。おもしろくない」とかの激しい感情は、人間をアンチ行動に駆り立てます。逆に「いい曲を歌っている新しい歌手がいる」「このバンドちょっと応援したいかも」くらいの「ふんわりした好感情」は行動に直結しません。

だから売れるバンドやシンガーは先にアンチがついて、そのあとにファンが動き出します。アンチコメントが1個ついたら、実はその3、4倍のファンがもうついているわけなので、むしろ喜んでいいのです。アンチコメントは、貴方という存在に「フックがある」証拠です。

私は『高次元に味方される生き方』を出版し、ありがたいことに日本を代表する超常現象研究家の山口敏太郎先生にお招きいただき、YouTubeデビューができました。反響の高い回だったそうで、「面白かった」というコメントをたくさんいただきましたがヘイトコメントもいくつかいただきました「貴方のスピリチュアルはそんなレベルですか?」というコメントにはもう苦笑いしかできませんでした。だって「本当にスピリチュアルな人」は貴重な自分の生きるエネルギーを使ってまで、わざわざ他人にマウンティングコメントなんて書きませんからね。

さらにもっというなら、**「貴方のコンプレックス劇場には、実は『貴方と貴方のコンプレックス』しか登場人物はいない**のです。その劇場に私は実は参加していないので、まずはご自分の内面とちゃんと向き合ったほうがいいですよ」とお伝えしたい。これが真実だからです。

私自身はどうでもいい他人に応戦するために、自分の生きるエネルギーを使いたくないので、こうした悪意コメントには反応しません。

「貴方にフックがあるから悪意がついてくる」。けれど実は、貴方の味方はその3、4倍存在します。これは知っておいてください。これがホントのルールです。

本当のルールを知っておけば「私の何がいけないの?」とか、「私に悪いところがあるから、人から嫌われるんだ」という認知間違いをしなくてすみます。認知間違いで自分を追い込まないでください。

純粋な人ほど他人の悪意の被害者になってしまうという、不条理な現実があります。自分をうまく守って、自分の生きがいになるお仕事を頑張ってください。

スピリチュアルなルールを使って望みどおりの現実を引き寄せる

私達の「現実を形成する原動力」としての**「お金」も、実はただのエネルギー**です。ただのエネルギーなら、自分の意識や意志、希望や恐れなどの「心的エネルギーの在り方」で、自在に流れを変えることは可能ということです。

7、8、12、1月のセールで忙しい時期以外は、毎月弊社の4つの店舗で「ヒーラーズカフェ」という癒しイベントを主催しています。出店は毎月変わりますが、私の「引き寄せ法則講座イベント」と、その後の「参加無料！ 宇宙意識講座」は基本毎月開催しています。

今や日本有数のＵＦＯ多発地帯になった飯田市、高森町、豊丘村ですが、「引き寄せ講座」や「宇宙意識講座」に参加し、現実を見る「意識のフィルター」を変えると、「急にＵＦＯを見るようになった！」という方が本当に多いのです。**「宇宙意識」とは、「普**

通」「常識」「あたりまえ」等々の3次元的な根拠のない思い込み（呪い）にかかっていない意識状態のことをいいます。

私に起きた不可思議な出来事の数々も、私が3次元的な「普通」の思い込みの呪いをある程度解除されていたため、ＵＦＯという異次元存在もアクセスしやすかったのかな？と思います。

なので当然、「この世は物質世界だけ、霊的存在とか異次元から来るＵＦＯなんているわけ無い」という意識のフィルターを採用している人は、「生涯ＵＦＯとアクセスしない現実」を、今日も明日もつくり続けているわけです。

実際、この3か月の間に「引き寄せの法則講座」受けてくれた受講生の中で、奇跡を起こした人が4人います。

「中島オーナーの話がすべて腑に落ちました」と言ってくれたAさんは、昔親身に介護をした親戚のお爺ちゃんから、まとまった金額の遺産を譲渡されました。引き寄せの法則講座を受けてすぐのことです。

「人生一発逆転は宝くじしか無い、という思い込みを解除できたら、本当に天からお金が降って来た！という出来事が起きました！」と報告してくれました。

急にUFOを見るようになって、「やっぱりこの世界には普通なんて無いってことなんだな」と実感できたという男性のお客様は、生まれて初めて友人に誘われて行った競馬で60万、ビギナーズラックかと思い、もう1度挑戦してみたら、今度は200万勝ったそうです。「お礼に」と、当店の高級隕石を爆買いしてくださいました。

そのほか、引き寄せ講座でユリゲラーが曲げたスプーンと私が曲げたスプーンを参加者に見てもらうのですが、「あのセミナーのあとやってみたら、自分も簡単にスプーンが曲げられるようになりました！」とスタッフの前でやってみせてくれた整体師の先生もいます。

さらにこんなエピソードもありました。息子さんの専門学校の入学金100万円をどうやって工面しよう、と悩みながら息子さんを車に乗せて運転していたBさんは、その日後ろから車をぶつけられ、さらにひどいことに加害者に逃げられるという事故にあいました。

そこだけ聞くと「なんて運が悪い」と思いますよね。実はこのあと犯人が捕まり、「あまりにも悪質だから保険の弁護士特約を使って弁護士に交渉してもらおう」と決心、通常ならよくて30万くらいの相場の示談金が弁護士さんの交渉で100万近い金額になったそうです！　とっさにBさんは「息子の入学金が天から降って来た！」と思ったそうです。

こうした奇跡の数々をお客様から聞くたびに実感するのは、**「意識が変われば、確実に3次元に立ち上げる現実も変えられる」**という宇宙ルールは現実に存在している、ということです。

さらに本書執筆中の10月の金環食前の数日間は飯田市上空のUFOを、お客様の奥様4人が目撃&撮影成功！　この奥様達は全員「引き寄せ講座」「レイキヒーラー養成講座」「宇宙意識講座」のいずれかを受講してくださっていました。

「引き寄せ講座」を受けていただいた方達の「自己実現の物語」を聞くと、本当に私にとっても勉強になることが多いです。「お金というエネルギーが入ってくるルートは宝くじに限定しなくてよい」というルールに気がついたのも、お客様に起きたたくさんの奇跡的な出来事を聞いてきたからです。

「自分の望む豊かで幸せな現実」をありありと脳内で描くことは大事ですが、その結果を呼ぶために「一発逆転には宝くじしか無い」と思い込んでいる人が多いのも真面目な日本人の特徴ですね。

「宝くじロード」に並んで順番待ちしてももちろんよいのですが、その道は大渋滞しています！　生きているうちに自分の順番はまわって来ないかもしれないですよね？ならば、ほかのルートを通って「豊かで幸せな場所」に到達してもいいのです。そしてそのルートは「天にお任せする」のが一番早いのです。

なぜなら天は人間が思ってもいなかったルートを探して、お金や健康などのエネルギーを通してくれるからです。だから地上の人間の側が「このルートしか通らない！」と決めてしまうと、可能性が狭まってしまうのです。

病気も「この病気を治すのはこの薬しか無い」と思うより、薬でも漢方でも薬草でもヒーリングでも祈祷《きとう》でも、要は治ればいいわけですから、自ら治癒の可能性を狭めないほうがいいのです。**「治癒でも、お金の流れでも、その人が許可したことが起こる。だからゴールさえ同じなら道はどの道でもよい！」**と思ってください。

長男長女の潜在意識「私は愛されていない」

これは世界中の長男長女がおそらく同じように感じているであろう「長男長女あるある」です。なぜ長男長女が特に「自分は母親に愛されていない」と感じやすいかというと、最初の子の育児では、どうしても母親の不器用さや余裕の無さが顕著に現れてしまうからです。特に自己受容がうまくできないまま母親になった女性は、自分の最初の子どもに自分の認めたく無い部分を投影してしまい、厳しい態度に出ることがあるからです。

自分自身が認めたくない自分のいやな部分を自分の子どもの中に見てしまったら、当然子どもに対する当たりはきついものになりますよね。特に最初の子どもが娘であった場合、この傾向は顕著に現れます。

最初の子が女の子であり、その下の子が男の子の場合は、母親というものはたいてい無条件に男の子はかわいいものなのです。そして父親との関係がよく無い母親ほど、息子に依存することになるので、子離れをこじらせてしまいます。

我が家の場合は、「こじらせた長女の思い込み」では無く、母親は、娘の価値を認めて受け入れるということが本当にできない人でした。その確信を持ったのは「よその家のお母さんは子どもを褒めているんだ！」ということに、中学生くらいの時期に気がついたからです。

振り返ると、61年生きて母親に一度も褒められたことや感謝されたことが無いという事実は、現代の感覚だと「軽い精神的虐待になるのでは？」と思います。しかし、自分の母親しか知らなかった私は、「お前は変わってる」「お前は常識が無い」とダメ出しする存在が母親というものなんだ、という認識でした。ですから私の中の母親像というのは、「褒めて伸ばす」とか「励ます」とか「勇気づける」とか「すべてを許して受け入れる」とかのイメージでは全然無かったのです。

私は子どもの頃から、「親でさえ私の価値を認めてくれないものなんだから、自分の価値をわかってあげられるのは、やっぱ自分だけだよね！」と実感していました。
「他人の思惑はどうでもよいので、私は人目を気にせず、私が決めたことをやります」と自立した考え方ができたのは、振り返って見れば、母親が毒親だったお陰だったともいえるのです。子ども時代に私が母親にしゃべることはたいてい否定されて来たので、私は言葉でしゃべる代わりに、「こんなことがあった」ということを絵に描いて表現するようになりました。

なので「お前は母さんに似て絵がうまい」と母から言われたときも、その言葉は私を褒めているわけでは無い、と感じましたが、子どもというものは健気なもので、母親に褒められたいがためになんでも漫画で表現する癖がついたのです。のちに漫画が描けるという条件と、精神世界に興味があるという条件が揃ったことで、先述の某信仰宗教団体の教祖からのスカウトにつながったわけです。その某団体からは教義の中の「神の計画」「終末予言」などを漫画化させようとしていましたが、私はＢＬ漫画を描くために漫画家を目指していて（笑）、スピリチュアルは何かの団体に属さなくても勉強できる、と思ったこともあり、結局決裂しました。

「虹色人間」の記憶

61年生きても覚えている幼年期の不思議体験があります。母親に「また変なこと言い出して！　そんなことあるわけないじゃない！　変な夢見ただけでしょ！」と言いきられたことを覚えているので、多分私は母親に「こんなことがあったんだよ」という感じで伝えたのだと思います。

家の2階を子ども部屋として与えられたばかりだったので、多分小学校3年か4年くらいの歳の記憶です。私は1人で2階の部屋にいて、確かこたつの上で本を広げていました。

人が2階に上がって来る気配を感じたので、階段のほうを見ていると、普段ならギシギシと派手な音がするはずの階段からはなんの音もしない。

音がないから気のせいか、とも思いましたが、それでも人が階段を上がってくるのがわかります。なぜわかったかというと、人の形をした虹色に発光する影が白い障子に写っていたからでした。

「虹色に光る人間のような影」が音も無く階段を上がってくる。それは「怖い」というよりは、「不思議だな」という感覚でした。

そのまま障子を開けて部屋に入って来るかと思ったけれど、虹色人間は部屋に入ること無く、どんどんぼんやりしてきて消えてしまいました、「虹色人間」は今もリアルに思い出せる白日夢のような出来事です。


そしてこの「虹色人間」の話は後日談があります。それからしばらく経った夜中のことです。2階の子ども部屋で私だけが起きていて、父母弟の3人は1階ですでに寝ていました。玄関の扉が「ガチャッ」と開く音がしてとてもゆっくりした足取りで1階の廊下を「ギシッ、ギシッ」と人が歩く音が聞こえたのです。

虹色人間のことがあったので、私は「あ、また家にあれが来たのかな？　2階にも上がってくるかな？」と1階の様子をうかがっていました。しかし、2階に上がってくる気配はなく、ほどなくして表玄関のカギがまた「ガチャ」と開く音がして、それは外に出ていきました。

翌朝。朝から母親が何か怒鳴っていました。「昨日の夜、泥棒が家に入って来たのよ！これ見て！」と、1階の廊下を見ると、大きな靴の跡が点々とついていました。

「あれ人間だったんだ！」と驚いた私は、「そういえば昨日の夜中にギシギシ音がしてたね」と言いました。すると、「下の誰かが泥棒に襲われたかもしれないのに、どうしてお前は気がついていて何もしなかったんだ！」と母から怒られました。

「え、でもいつもの……幽霊か何かだと思って……人だと思わなかったから（この反論もどうかと思う。笑）」と反論したら、「バカじゃないの!?」と余計に怒られました。

この後日談も含め、「虹色人間」のことは、50年以上経っても、私の中で忘れられない記憶です。


子ども時代の私は大人になった私が今思い返しても、我ながら扱いにくい、かわいく無いことばかり言う、子どもらしくない子どもでした。2歳下の弟と比べて母親にかわいがられていないことも、薄々感じていました。

幼年期の私がどのくらいかわいくなかったかというと、前世がヒンドゥー教徒だった私は、無地の地味な服が嫌いでランドセルは紫がいい、ゴールドや紫の服を着たい！というアクの強い子どもでした。そして思春期からインドテイストの好きな服を着るようになると、母は「そんな普通じゃないカッコばかりして、私が恥ずかしいわ！世間の人にうちがなんて言われるか」と怒るのです。

それに対してたぶん当時15、16歳だった私は「世間の人って具体的に近所の誰さんから誰さんまでのこと言ってるの？『世間の人』なんて本当はいないんだよ。大人なのになんでそんなこともわからないの？」と言い返していました……。本当にかわいくないですね（笑）

当店のアジアの服を「本当はこういう明るい色を着てみたいけど、まわりの人になんて言われるか……」と躊躇《ちゅうちょ》するお客様が多いのです。都会と違って地方ですから。

だから私は、「まわりの人とか世間の人とか、本当は実在しないから！　他人は基本自分のことでいっぱいいっぱいですから、近所の誰々さんの服装が、なんて、誰も本気で気にしません！　それより自分でテンションの上がる服を着て、自分の幸福感を自分でまかなうことのほうが大事です。**貴方が幸せなら、それこそまわりの人を幸せ**

にできます!」と接客していました。これは本当のルールですから!

昭和の呪いの「世間の人が」「女のくせに」「女だから我慢しないと」「苦労しないと幸せになれない」等々は、すべて今や通用しない幻想です。意識的に「役に立たない呪い」は「解除」してください。

このアセンションに向かう世界は、**古い呪いをどんどん解除して、楽になること、明るくなることが幸せの条件**なんです。

自分の将来を見通していた

小学校5、6年くらいのとき、何度も繰り返し見るので登場人物を覚えてしまった「夢」を、漫画に描きました。それは12人の羽根を持った天使のような女性達と天使達の真ん中に「セリコ」という名前の不思議な色の長い髪の外国人女性が「宇宙船みたいな銀色に光る無機質な空間」に座っている絵です。

小学生にしてすでに前世のヒンドゥー教徒としての記憶があり、インドマニアだった私は、当時流行っていた「リカちゃん人形」も「こんなワンピースじゃいやだ。インドのドレスがいい！」と言って母親をうんざりさせていました。子どもだったので「天使はいいけど、このノッペリした何も無い空間は天使に合わないな～」と思いながら描いていました。

私の趣味で描くならインドのお城を背景に12人の天使が空を飛んでいるような情景を描きたいところですが、元になった夢がそうではないので、仕方ないと思って銀色の無機質な空間を描いていました。でも羽根は「神様の手伝いをする人間」を象徴するためのイメージで、12人の羽根の生えた天使は「本当は人間なんだ」とわかっていました。

12人は髪の長い女の人が多く、中には眼鏡をかけた黒髪が肩までの女性もいたので、そのまま絵に描きました。「我ながら夢に忠実にうまく描けた！」とご満悦だった私の力作を見た母親が、「天使なのにメガネって、変なの！　変なの！」と言って笑ったので「この人達は本当の天使じゃ無くて！　天使みたいに神様の仕事を手伝うための人間なんだからこれでいいんだよ！」と言い返したことも覚えています。

今ならこの幼年期に鮮烈に記憶に残った、夢の意味もわかります、虹色人間はおそらく人間では無く、「虹色の強いオーラを放っていたなんらかの霊的エネルギー体なんだな」と思います。12人の天使達はのちの女性スタッフの数がだいたいいつも12人前後なのでこの人数でよかったんだな、と思います。

さらに「セリコ」という名前の、真ん中にいて不思議な色の長い髪を持つ、外国人みたいな女性は実は「私」だったのです！　私は髪の毛が真っ白になるような臨死体験をし、現在インドの草木染めのヘナで髪を染め、総白髪がオレンジ色になっています。小学生の私はそんなこと知るよしもありませんから、「変な髪色の外国人女性」だと思っていたということです。ただなぜ「セリコ」という名前だったのかは、今だに謎です。

「小学生のときに自分の未来を見ていた」という事実は、私に迷い無くビジネスを進めるためのビジョンをくれました。移転前の諏訪店は開店1年でコロナの本格化のために一時閉店しましたが、「コロナもいつ終わるかわからないから諏訪店出店はもうあきらめたほうが……」というスタッフの声も気になりませんでした。

「4店舗出店したらだいたいスタッフの数が12人になって、12人の規模までは店は成功するから大丈夫！」と宣言し、諏訪店を移転して再オープンしました。お陰様で今は諏訪のお得意様達やスタッフの成長と努力もあり、無事「諏訪大社の上社下社をつなぐ龍の通り道にあるパワーストーンショップ、クリスタル◇ドラゴン」として成功できました。

呪いを解く最強のマントラは「ありがとう」

ビジネスが順調だから株式会社にしたと、両親の前で報告すると、若くして独立し、長く自営業をやっていた父親は「すごいな！　でも経営はたいへんだぞ」と言ってくれました。一方母親は、「女のくせに仕事にガツガツするなんて、家のこともろくにやらないくせに」と全否定でした。

よその家の「母親」は、絶対的に子どもの味方をしてくれる。対して、自分の母親はいっさいそうしない。

「生まれて来てくれてありがとう」「貴方は生きているだけで価値がある」と、親から一度も声をかけてもらえなかった子どもがもつ無力さと孤独。その無力さと孤独を克服できない人が、他人を利用したり、他人に依存したり、他人を殺したり、自分を殺したりをしてしまうのだな、と思います。

私は結婚するときも、独立して店を始めるときも、母親には何1つ報告しませんでした。全否定の言葉しか返ってこないとわかっていたから。だからなんでも1人で決めて1人で実行してきました。そして、小さな成功体験をいくつも積み上げてきたら、それが徐々に「自己肯定感」というものにつながりました。

やらなければできない。あきらめてもできない。どうせと思ってもできない。面倒くさいと思ってもできない。でも成功するまで愚直にやり続ければ、時間がかかっても必ず成功するという「3次元の仕事のルール」も、自分の仕事で学んだことです。

2023年12月28日に珍しく2体のUFOが時間差で出現、先に現れたUFOが先に消え、あとから現れたUFOが残ってから消えた光景を見て、「世代交代」というイメージが浮かびました、そうしたら翌日29日の深夜から30日朝に、父がまさかの急死。本当に「世代交代」をすることになったのでした。

なんの病気も無かった父の急死には家族全員驚きました。父は29日の夜、家族と会話し、就寝。翌朝8時になかなか起きてこない父を母が起こしに行った際、すでに冷たくなっていた父を発見したのです。高齢で認知機能が危うくなっていた母は、このショックで一気に認知症が悪化しました。

父の死後、あわただしい日々が過ぎ、食事ができなくなっていた母が、「梅が食べたい」とポツリと言いました。私は近所のコンビニに行って梅干のパックを母に手渡しました。

すると母が、「ありがとな」と言ったのです。耳を疑いました。物心ついたときから母は私を褒めたり、感謝したりということが一度も無かった人でした。心理学を学び、「きっと母も自分の母親から褒められたり、感謝されたりすることがなかった人だったのだろう」と感じていましたが、認知症で自分を見失って初めて「ありがとう」と娘に言うことができたのです。

私は母を、「許そう」「許せる」と、初めて心から感じました。61年間、心の奥に抱えていた無力さと孤独が溶けた瞬間、潜在意識の中にいたインナーチャイルドが「軽く」「明るく」なってくれたと感じました。母が生きているうちに、許す体験ができてよかったと思います。

カウンセリングのたびにクライアントに、「親は未熟さを受け止めて乗り越えるもの」と常々お伝えして来ましたが、こういった経験を通して、今は少し違う伝え方に変えようと思いました。

「親は未熟さを受け止めて許すもの、なぜならあなたもまた未熟なあなたのままで幸せにならないといけないからです」。これからはそうお伝えしようと思います。

自分の潜在意識で暗く重くうごめくものに光を当てて顕在意識の領域に引き出す。認知を変え、感情を変え、昇華する。これができたら、抑圧された「こんな世界早く終わってしまえばよい」もきっと消えてくれることでしょう。

アセンション後の世界は目に見える物質的な社会が同じでも、人々の内面が変わっています。あらゆる呪いが解けて「軽く」「明るく」なっているはずです。

第5章

最悪のケースと最高のケースに備える

終末を迎える前にすべきこと

慎重な日本人からしたら信じられないことだと思いますが、ノストラダムスの予言、1999年7月の終末を信じたアメリカのお金持ち達が「お金はあの世に持っていけないから」と享楽のかぎりをつくし、財産を使いきって破滅したという話があります。本当に最悪なケースは、世界の破滅や第三次世界大戦よりもこうした破滅の仕方かもしれません。一文無しになったあとも、生きていかないとならないわけですから。

「自分が選択したことが自分の人生をつくっていく」のは事実ですから、最終的には何を信じて何を選び取っても、それはその人のカルマでしかありません。他人が指示できることではありません。ですが、「世界は本当に終末を迎えるのか」という分岐点では「最悪のケース」と「最高のケース」を両方考えておいたほうがいいですよね。

「自分にとって必要な選択」ができる脳になるために、「ヨーガと瞑想」はたいへん有効です。私も長年実践しているヨーガと瞑想ですが、多分このお陰でパニックにならなかったり、ストレスフルな感情を長く引きずらなかったりしていると思います。

UFO観察用のハンモックに揺られながら行う「星空瞑想」は、夜中のUFO観測後にやっていることですが、毎日の仕事が忙しすぎるため、そのままウトウトして寝てしまうことが多いです。

潜在意識の「情報の箱」を開ける

超常現象研究家の山口敏太郎先生のYouTubeに出演させていただいたときに、山口先生から「UFOの夢は見ないのか」と聞かれました。「見ないですね～。カウンセリングやヒーリングを仕事にしているので、何かメッセージ的なことや予知夢があっても『(夢は) 人間の集合無意識層から来るもの』と心理学的に解釈してしまいます」と答えました。

しかし、「夢で見ているかもしれない。忘れているだけで」とも言われたので、「そういえば50歳を過ぎたくらいから61歳の今まで、年齢とともに明け方に目が覚めたり、眠りが浅くなってきているのに、大きなＵＦＯ体験があったタイの離れ小島にいたときは、なんの夢の記憶も無いくらい深く眠っていた！」という事実に気がついたのです。

「本当は夢でいろいろな情報をもらっていたのかも……。でもそれを完全に忘れているってことは、まだ必要無いってことなのか？　それともタイミングが来たら思い出せるとか……？　うーん、わからない！　ヒントが無い！」と思って、また日々の仕事に忙殺されていました。しかし、よくよく考えれば「情報の箱」を開けるための「鍵」を、私はもう技能として持っていたんです！

「どうしてこんなことにもっと早く気がつかなかったのか！」と悔やまれます。実は、私は「催眠療法」も長年やってきました。「催眠」こそが、潜在意識の扉を開ける鍵なのです！

心理セラピーが一般的な海外だと、ＵＦＯにアブダクションされて記憶を消された人に退行催眠を行うってよくありますよね？　「そうじゃん！　それを自己催眠でやればいいんだ！」ということに気がついたのでした。

宇宙意識にチェンジするためのワーク

昔、催眠療法を個人セッションで行っていたとき（今は個人セッションはやっていません。催眠療法士養成講座のみをやっています）、「亡くなった大切な人にどうしても伝えたいことがある」「もっと故人とつながっていたい。もっと話がしたい」という方にお伝えして来たやり方があります。

人間の脳は自分が思っているよりはるかに有能なつくりになっていて、マザーコンピューター並みの機能があるので、入力した情報をちゃんと脳が処理してくれるようにできています。だから、眠りに入る前のまどろんでいる時間帯に「私は夢の中で亡くなった○○さんと出会えます」とか「私は夢の中で亡くなった○○さんに○○と伝えます」と意識して宣言すればよいのです。

脳は入力しない情報は検索できないのです。「人間は邪悪だ」という信念を持つ人には「他人の善意」は見えてこないし、逆に「人間は美しい」という信念を持つ人はどんな他人の中にも「善意と愛情」を簡単に見出すでしょう。

たとえばあなたは自分の住んでいる町のどこに公衆トイレがあるか知っていますか？　運転中にお腹が痛くなってトイレを探さない限り、毎日通っているはずの道でも「こんなところに公衆トイレがある」とは気がつかないはずです。

意識を向けたものしか脳は現実を感知しない。脳は「ありのままの現実」を見ることが本来不可能なのです。

催眠状態や睡眠時は脳の「自我」のフィルターが薄くなり、顕在意識と潜在意識の境い目が薄くなります。「時間・空間・次元」の制御が無い潜在意識下で、故人とつながりやすくなるのです。

星空瞑想ワーク

「星空瞑想」はスピリチュアルな人達にだけでなく、ストレスフルな仕事で疲れている方達すべてにおすすめしたいヒーリングメソッドです。

＊用意するもの

星空ができるだけ広く見える、ベランダなどのスペースを確保してください。適度に揺れる、快適と思えるハンモックや安定したデイベッドがあるとよいです。

夜間の1時間程度の観測に耐えうる温かい装備をしましょう。寒いとリラックスできません。長野県の冬空でやると命に関わります。お住まいの地域に合わせて、冬場は重装備で臨んでください。夏なら虫よけスプレーを用意しましょう。

ＵＦＯが現れたときの、撮影用スマホかカメラも用意することをおすすめします。

そして、瞑想の最中やあとに浮かんだビジョンをすぐに書き留めるための、ノートとペンも忘れずに。

＊実践

自己催眠などにすでに経験となじみのある方は、最初できる限り長く息を吐いてから鼻から4～6秒かけて息を吸い、8秒～12秒ほどかけて、鼻から吐くを10分ほど繰り返します。呼吸にのみ意識を向けます。この呼吸で副交感神経を優位にします。

必要なアファーメーションを脳に入力します。可能なら声に出して3回唱えましょう。脳は入力した言葉に反応して脳内に検索をかけます。

私の場合なら、「私の潜在意識の中にある忘れていたUFOや宇宙の情報が、どんどん脳内に浮かび上がって来ます。完全に思い出せます。ありがとうございます」を3回唱えます。

そのまましばらく自分の呼吸にのみ、意識を集中させます。雑念が湧いてもそれを追いかけてはいけません。

ここまで来ると私なら100パーセント、ハンモックでうたた寝状態になるので、ハッと起きたときに覚えている夢の内容を記録します。実はこの、一度意識を失ってハッと目覚めたときの夜空が、クリアで星が多くて風が強くて星が瞬いていると、本当に宇宙と一体化したような、宇宙の中心で星に抱かれて眠っていたかのような「アハ体験」をすることがあります。「アハ体験」とは、脳科学者の茂木健一郎氏が提唱した、ひらめきや気づきの瞬間に「アッ」と感じる体験のことです。

私達は宇宙から生まれて今も宇宙のゆりかごで眠っている、地球の植物、動物、鉱物、人間と星々は完全につながった存在だったんだ！という感動体験ができる瞬間があります。

若い頃、バックパックを背負って、インドネシアやタイのジャングルを旅行していました。そのとき、これに近い「アハ体験」をしました。

ジャングルの道なき道を歩き、完全に方向を見失ったときに途方に暮れて空を仰いだら、20〜30メートルもある高い椰子《やし》の木が360度生い茂っている。その自然の圧力に圧倒されると同時にジャングル自体が生きていて私を守ってくれている。

ジャングルという生命自体と私はつながっている！という感覚になったときがあり

ました。そんな感覚のときは、野生のカンだけで歩いても、なんとか人のいる道に脱出できたものです。

自律神経訓練法

「私はヨーガや瞑想とは縁がありません」「催眠や自己暗示の経験も無いです」という方には、最初は「自律神経訓練法」を覚えることをおすすめします。これは私が催眠セッションの導入部でやっていた**深いリラックスに集中できる意識状態に持っていくための方法**です。

まず全身に力を入れて全筋肉を緊張させる。手は拳を強く握り、足指も握るようにする。顔も力を入れてクシュッとさせる。できる限り長く緊張をキープしたら、パッれ《ママ》ばいいです。

と一気に力を抜く。こうして全身の血液がジワッっと流れるのを体感します。

そのまま簡単な「自律神経訓練法」に入ります。「唱える」という記述は脳内で唱えればいいです。

①頭、頭の力を抜いて頭の中を空っぽにする。何も考えないのでとても頭がリラックスできている。額に涼しい風が吹いている。目の奥もじわっと緩み、顎の力も抜けているのを体感する。「頭が空っぽでとても楽です」と唱える。

②首の後ろのほうから腕へ温かいリラックスの波が広がっていく。手のひらも温かく、肩から腕がどんどん温かく重くなっていくのを体感する。「腕が温かく、とても重く感じます」と唱える。

③胸からお腹の中にまで温かなリラックスの波が広がっていくのを体感する。「呼吸がゆっくりととても楽にできています」と唱える。お腹の中のさまざまな臓器が温かく、とてもリラックスし、背中も温かくなるのを体感する。「全身がどんどん重くなり、

この場所に深く沈んでいくように感じます」と唱える。

④温かなリラックスの波が骨盤を緩め、膝の関節を緩め、足の裏にまでじわっと広がっていく。脚もどんどん温かく重く感じることを体感する。

⑤「私が心から安心できる深いリラックスの波は私の肉体、感情、魂のレベルまで広がっていきます。私は完全な平穏に包まれ、ゆったりと深い呼吸ができています。私は完全に平和な存在です」と唱える。

手順を覚えられるまでは、「簡略化バージョン」の実践をおすすめします。簡略化バージョンとは、「頭に上がり過ぎた気を下げて丹田に収納する」だけを意識します。そのためには「意識的に長く息を吐く」「頭がクリアで涼しいというイメージをして、腰から下は血流がよく、温かい」とイメージするとよいです。エネルギーは意識の力で動かせるので、いろいろ覚えるのは面倒くさい、という方はこれだけ覚えて実践してください。

現代人は身体をあまり動かさないのに、脳だけがフル回転しているため、「キノコ型のオーラ」の状態の人が多いのです。この「気の偏り」が長年なかなか改善されないままだと、頭の上が「気の大渋滞」になり、下半身は逆に「冷え」が進み、東洋医学的には「未病」の状態に、西洋医学的には「自律神経失調の入り口」になります。

過剰適応気味の長男長女で、自分の体感や感情を後回しにし過ぎて、自分で自分のことがよくわからないという状態が、「アレキシサイミア（失感情症）」「アレキシソミア（失体感症）」といわれています。この自己暗示法は、「私の本当の感情は？」がわからなくなってしまった人の、自分の潜在意識への問いかけにも使えます。

その場合はアファーメーションを工夫してつくってみましょう。たとえば「心の深いところにふたをしてしまった。本当の私からのメッセージを私は受け取ります。夢や瞑想の中で私に伝えてください。私は完全に身体、心、魂を統合できます。ありがとうございます」。

有効なアファーメーションをつくるコツは、できるだけポジティブワードで、潜在

意識が理解しやすい素直な文章をつくることです。「というわけでは無く」とか、「これがだめならこれで」とかの言いまわしは潜在意識に入りにくいのです。

「お陰様でこれができました！　ありがとうございました」と完了形にする（成功しました！を大前提にする）。

できるだけ自分のハートに響く文章をつくるのが成功のコツです。

「催眠」という鍵で「情報の箱」が開いた！

星空瞑想の際に自分に暗示をかける。たいてい疲れていて寝てしまうので、ハンモックでうたた寝して短い夢を見る。覚えている夢をすべて覚えているうちに書き留める……。

この作業を４か月続けたことで、身体に電気が走り「そうだったのか！　わかった！」という体験が何度も起きました。

「星空瞑想」は8月と9月の間、夜は涼しかったので快適にうたた寝ができたのに、10月11月と夜中が寒くなってからというもの、意識を失っている時間が極端に短くなってしまいました。正直、長野県の11月の夜中1時の屋外は、修行のように精神集中しないと「浅い眠り」の状態までいけません。

どんなに寒くても、世空にクリアな星さえ出ていれば、私はフリースジャケットの上にダウンジャケットを着て、さらに冬用キャンプの寝袋をＵＦＯ観測スペースにセットして、「星空瞑想」に没頭しました。

潜在意識とアクセスするための「星空瞑想」は、ここ4か月の試みです。しかし、かれこれ3年は、ＵＦＯ観測のために夜中の1時間をベランダのＵＦＯ観測スペースで過ごしていました。なので、空の様子が騒がしくなるのは「ライオンズゲート」の時期、皆既月食、春分秋分の日など、星の大きな動きに連動した時期である、と実感しました。

飯田市の夕方の西の空に頻繁にＵＦＯが来ていたのに、大きな地震の前にはパタッと出なくなりました。また個人的に私に大きなことが起こる前にも、まるで予告するかのような動きを見せてくれるなど、気がついたことがいろいろありました。

小学生のときから見ていた、夢の中の銀色ののっぺりした何も無い空間（おそらくＵＦＯ内部）に毎回の「うたた寝」で必ず行けるわけではありませんでした。やはり仕事で心配事があったり、やらなければならないことが溜まっていたりすると、仕事のことが「うたた寝時間」に出てきます。

ただこの瞑想のプロセスが決してむだにならないのは、「この仕事をどうしよう」という脳への入力が、うたた寝時間に答えとなって還ってきてくれるからです。たとえば「どうしたらいいだろう?」という問いの入力の答えが、夢の中で「こうやればこうなっている」という形で現れてくれるのです。

ちっぽけな私の「自我」は問題の解決方法を知らなくても、宇宙ルールで進化してきた人類の脳の中に「宇宙の叡智」が詰まっている。そう気づいたら、**自分の脳の可能性を広げるのは自分の脳の使い方次第、自分の意識の在り方次第**なのです。

実際に「意識の在り方次第」で3次元に現れる現象もたやすく変化します。ある心理学実験で、アメリカの低所得者層の黒人女性にインタビューを行いました。ホテルで時給の安いルームクリーニングの仕事をしているという女性達は、皆一様に肥満気味だったそうです。

インタビュアーの心理学者が「健康のためにダイエットをしなければ、と思いませんか?」と尋ねたところ「こんな安い時給でしか働けない私達がどうやって? ジムに行って運動するような余分なお金なんて無いのよ!」と彼女たちは答えました。「ジムに行って運動する必要なんて無い。貴方達のホテルの部屋の清掃作業はすごい運動量だ。毎日すごいカロリーを否応なしに消費できる。これ以上の運動をする必要が?」という心理学者の言葉で彼女達の認知が変わりました。「この労働はジムにお金を払って消費するカロリーと一緒なのだ」と気がついた彼女達は、その後ジムに行くことなく、健康的な体形に変化し始めたといいます。

私達の**脳がもたらす可能性と奇跡**。「たいていの人間はそれを侮っている、と私は思っている」と心理学者はコメントしています。

潜在意識とつながって、実はすでにあったかもしれないＵＦＯピープルとのコミュニケーションを、顕在意識の領域まで引き上げる。催眠療法のセッションで何百人にもやってきた作業なので、それを荒唐無稽なこととは全く思いませんでした。「そんなの無理だよ」という心理的ブロックが無かったからだと思いますが、何度かのトライ&エラーの末、真夜中のうたた寝時間に意識の目的とする場所「12人の天使がいた銀色に光るＵＦＯ内部」にたどり着くことに成功しました。

銀色に光る無機質な空間に「セリコ」と呼ばれる私がいます。後ろに何人かの人の気配があるけれど、私は丸い大きな窓から外の暗い宇宙にきらめく星々を眺めています。私はここが宇宙船の中だとわかっています。

足元の銀色の床に背後から虹色の光がさしています。「虹色人間だ！　やっぱりあれは宇宙人！　ＵＦＯピープルだったんだ！」と思って振り返ると、まぶしすぎて何も見えません。

その光は「こちらを見なくていいから、外を見ていなさい。私達に実体は無いから、貴方が想像するどんな形にもなれるけれど、その形にはあまり意味がない」といいました。声は年配の男の人のようで、無機質な銀色の空間自体に響く館内アナウンスのように響いています。

私の頭の中で「ジーーーン」と微かな音が響き始めます。「何かの電波を受信しているような音だな」と感じました。何語でしゃべっているのかわからないようなノイズから始まり、徐々に相手（虹色エネルギー体）が私に投げかける「意図のエネルギー」をキャッチできるようになりました。

（私達はすでに、地球のやり直しを3回見てきている）

（今度もリセットから始めるかは、貴方達の進化次第だ）

（肉体を脱ぎ捨てたら悟るのでは無い。肉体を脱ぎ捨てたら、宇宙のシステムを思い出すだけです。貴方は私達から「メッセージをもらう」のではない。貴方自身が思い出すだけなのだ）

（何を思い出すのか？　宇宙のシステムと宇宙意志の遊びのためにこの次元に来たことを、時空移動の瞬間に思い出す。でもそれはわずかな瞬きの間だけのこと）

（私達の都合であなたのカルマを邪魔はできない。してはいけないから）

（貴方は自分のやることを自ら選んでここに来た。だから貴方がそれをやっている間は、ＵＦＯと呼ぶもののことを忘れる）

（それまであなたは、自分が選んだカルマに集中しなければならない）

（私達は人間のコントロールや過剰な介入はしてはいけない。宇宙に被害が広がる前にヒントを与えることはする。ヒントをどう扱うかは貴方方に権利がある）

（地球には核を使用したい人間達がいるし、宇宙にはヒントを与えることにも反対だ、

というグループもいる。ヒントを与えるべきだというグループがここに来ている）

（いくつかの大国がリセットを加速する。物質の豊かさしか見えない人間は物質的な人間を選ぶだろう。その結果が本当の豊かさにつながることは無い。物質的世界はもっと荒れた世界に変化する）

最後の「大国がリセットを加速する」の部分ですが、私が本書を書き上げようとしている段階で、アメリカの大統領がトランプ氏になりました、物質的な人間が選ばれる、とはそういうことなのか？と思いました。はたしてアメリカの未来は平和なものになるのでしょうか？

覚えている限りのことを時系列で書いていくとこういう内容で、あえてわかりやすい日本語に私が変更した部分もあります。全くわからない言語が響いてくるときもあり、そうした日は何も記録していません。

そしてこの内容の中のいくつかは「あれ？　これ前も誰かから聞いた話だな？」と

思ったことで、実はそれは私が33歳のときの臨死体験の際「ご先祖様？　守護霊？ガイド？」らしきものとも会話の中ですでにしていた話だった、と気がつきました。

私の意識が時空のはざまにいたとき、すでに「虹色人間」は私のところに来てくれていたのかもしれません。


3年前から急に私の元に現れるようになった「エネルギー型ＵＦＯ」は突然空に現れ、ゆっくりグラデーションで異次元に消えていきます。エネルギー型は、実体は無く、三角や四角やいろいろな形と色に変化します。ひょっとするとすべてのタイプのＵＦＯはエネルギー型の変形バージョンなのかもしれない、とも思うようになりました。

そして２０２４年11月11日。半年くらい前から飯田市高森町豊丘村に急に現れ始めた虹色ＵＦＯ。あれも、ひょっとしたら……。「虹色ＵＦＯ」もあの「虹色人間」の1つのエネルギーの変形型だったとしたら？　この考えが浮かんだとき、鳥肌が立ちました。

私は生まれつき光過敏なので、よく雲のふちが虹色に見えています（これは他の人は見ていない虹らしい）。私の中で「虹が出ると、その日は必ずＵＦＯが来る」というつの間にかできていたルール。そのルールも、実は「12人の天使」「臨死体験」「光過敏」「虹とＵＦＯの相関関係」「半年前から現れる虹色ＵＦＯ」「終末予言」などなど。すべてのルーツが全部幼年期に見た、「虹色人間」（別次元エネルギー体）につながるとしたら？

今の時点ではこれが絶対正しいとも、認知間違いだともいいきれないな、というのが正直なところです。

私の体験を誰も信じなかったとしても、証明できないことばかりだから構いません。それでも確かに私の中では、幼年期から「母親は決して私のことをわかってくれない」という孤独とともに、記憶に残って消えなかった部分。

「12人の天使のような人達と外国人みたいな髪の女性」「のっぺりとした無機質な銀色の空間」『虹色人間』「から3年前から急に始まったＵＦＯ体験」「ＵＦＯピープルとのコミュニケーション」「宇宙意識への変換と終末予言」はすべて1本のカルマの糸でつながっていた、と実感した部分なのです。

ガイア理論と人類のアセンション

「ガイア理論」とは、**生物は地球と相互に関係し合い、自身の生存に適した環境を維持するための自己制御システムをつくり上げているとする仮説**のことです。地球上の生物は、大気や水などの環境を調節する役割を果たしており、それぞれの生物がその環境に適応することで、地球全体としてのバランスが保たれているとされています。

たとえば植物が光合成によって酸素をリリースし、動物が酸素を利用して呼吸やエネルギー代謝を行うことで、地球上の酸素濃度が一定の範囲内で保たれているのです。このような相互作用を通じて、地球は過去40億年以上もの間、命を維持するのに適した状態を保ち続けてきました。ガイア理論は、こうしたシステムをある種の「巨大な生命体」と見なしています。

死ぬ気も無いのにあの世に片足を突っ込んで「死」を覚悟した33歳のとき、よく漫画や小説で「走馬灯のようにすべての出来事を瞬時に思い出す」という記述がありますが、あれは本当に本当です！　おそらく脳に酸素が行かなくなることで脳のほかの回路が活性化し、すべての脳内の引き出しがいっせいに開いてしまうのでしょう。人生のすべてのシーンの早回しのフィルムの中で、妙に引っかかってしまった、後悔が残るシーンがあります。

「町工場で働く17歳の少年」をカウンセリングしたときのことです。「高校を出ていないから給料のよい会社に転職もできない」「親の虐待で一緒に暮らせない。祖父母に面倒をみてもらっている」「毎日なんのネジかもわからないネジを何百本もつくっている。自分の仕事なんてなんの意味も無い」「本音を言える友達がいない」「自分の人生に何の価値も無い。自分には何も無いから」という大きな虚無と無力感を抱えていました。自分の思春期とは比べものにならないくらいの絶望と孤独。それに対して私があまりよいセッションができなかった、うまく勇気づける言葉が伝えられなかった、という悔いが今でも残っています。

若いときの私は家に居場所が無く、安心して帰属する感覚を家族に持てず、だからこそ「自己肯定感」が低く、「孤独」という呪いにかかった典型的な現代人でした。その「孤独」という呪いが完全に溶けたのは、臨死体験で宇宙から地球を見た瞬間、「地球自体が完全な命の光の曼荼羅」で、「一人一人違う色彩の人間達が、相互に光の糸でネットワークされている」という事実を悟ったときでした。

生きとし生けるものはすべて単独では存在できず、相互のエネルギー的なネットワークによって、命を維持できているのです。もちろん地球上のすべてのエネルギー体、菌も微生物も鉱物も植物も動物も人間も。そして、地球自身とも……。

私自身も生まれてから今まで、何億の人達との因果とご縁で支えられて来たか、また私が支えた人達とのご縁もすべて蜘蛛の糸のような光のケーブルでつながっているように見えました。そのときに、その孤独な17歳の少年と私自身の因果と縁も「わかった！」のです。

今となっては証明する術の無いことですが、タイのジャングルで私を助けてくれた英語が全く通じないタイ人の老夫婦が乗っていた日本の中古バイク。あのバイクをつくっていた部品が、小さな町工場であの少年が毎日何百個もつくっていた「なんの部品かわからないネジ」だったとしたら？

あの少年が毎日つくっていたネジが、人を救う救急車やヘリコプターやパトカーの部品になっていたとしたら？　精密機器なんて、それこそネジ1本足りなくても動かないはずです。

あの少年が知る術が無かっただけで、実は彼のつくった部品が使われたバイクが私の命を助けてくれていたのだとしたら？

世界中の人達の小さな小さな仕事が、何億種類と集まって大きな世界のシステムを回していると、世界中の人が気がついたら？

「俺の仕事なんてなんの意味も無い」と言っていた少年。**「この世界に本当は意味の無い仕事なんて1つも無かった」**と気がついたとしたら？

今ならあの少年に伝えてあげられるのに。貴方の仕事は本当は世界の誰かを救っているかもしれないんだよ、と教えてあげられるのに。

毎日何の数字かわからない数字をエクセルに入力して「私の仕事なんてなんの生きがいも感じられない」と言っていたＯＬさんや、工場の流れ作業で同じ製品を何百もつくっている会社員も、毎日お客様に頭を下げている営業マンも……。

すべての小さな仕事が集まってこの3次元を動かしている。意味の無い仕事なんて実はどこにも無かった。ただ自分が、自分の目の前のことしか見えなかっただけ。空から、宇宙から、この地球の人々を見られなかっただけ。

地球は有機的にネットワークされた、生きた「光の曼荼羅」であり、すべての命は蜘蛛の巣のような細い因果の糸でつながってネットワークされています。菌類も、鉱物も、植物も、動物も、人間も、UFOピープルも。

だから**人間は自分の平和と幸福に、責任を持たないとならない**のです。人間の「怒り、憎しみ、絶望」などの乱波動は自然界に及び、地球の波動を乱し、地球の乱れはそのまま大災害となって必ず人間に還って来ます。

だから、私は私にできることを。
貴方は貴方にできることを。

小さな仕事を皆で持ち寄って、世界の乱波動を変えていかないといけないのです。農薬や添加物や副作用の激しい薬や悪意や怒りや戦争などを。

そして特に世のお母さん方、「お母さん」は一家の太陽です。まずはお母さんが平和で幸せでなければ、誰も貴方の子どもに「平和と幸せ」を教えてあげられません。

自分のお子さんが「自分は孤独で無力な子どもだ」と思い間違えないように。ぜひ「学校も教えてくれない本当の世界のルール」を教えてあげてほしいと思います。

高次元意識に聞いたアセンション後の世界

「地球の未来って本当はどうなるんでしょうか?」

(貴方方には未来を選ぶ権利がある。理解できなくてもよいが、未来は今この瞬間にしか存在しない。リセットは突然で、上昇は微細なレベルだ。肉眼で見る世界では変化がわからないほど)

（私達は貴方方よりも遥かに古い魂だ。今の地球はたいへん不安定な状態なので、自分のためでは無く、他者のために地球に戻って来る者がいる。そして今生まれている、しばしば「障害」といわれる特性を持つ子どもたちも、実は古い魂だ。彼らは宇宙の「ワンネス」を体感で理解している。私達はしばしば古い魂の者にヒントを与えることはする）

（一方で「新しい未熟な魂」は、今だ動物のような状態のまま地球を生きている。世界がどうなるかはこの２極化した魂のバランスでしか無い。「宇宙のルールのワンネス」を悟るか、悟れないかのバランスによる）

（星達は１つ１つ意識と特有の波動を持ち、人間界と同じように相互にネットワークし、コミュニケーションしている。宇宙のルールは空に現れているから、空の動きを見る者から「ワンネスを悟る」者も増えるだろう。悟る者が増えることで、地球は上昇の流れにのる）

（私達は地球自体の意志と長くコンタクトを取って来た。私達のコンタクトの情報は地球の中の「ある種の鉱物」や「水」の中にすべて記録されている。鉱物や水分は地球の情報記録媒体で、１滴の水、１個の水晶の中の情報も相互にすべてネットワークされている。自然界のもの達はこれを認識しているが、人間達はお互いの「存在のエネルギー」もネットワークされていることを認識できていない）

私は想像してみる。小さな町工場でその少年は働いている。毎日何百ものネジを、汗を流しながらつくっている。でも少年は、自分の仕事が世界の誰かを救う乗り物や精密機器になることを知っている。

少しの「やりがい」を感じられるようになってきた。友達をつくるのは苦手だと思っていた自分が、毎週末はネットで同じ趣味の仲間と盛り上がれる。1対1ではうまくしゃべれない自分でも、ネットで共通の話題がある人を見つけるのは、現実生活よりはるかに簡単で気楽だ。「もっと話したいから、今度キミのいる町に会いに行くよ」と言ってくれる人もいる。

相変わらず仕事はキツくて安月給で、一見、10年前と何も変わらない生活だけど、人とつながることが容易な時代のお陰で、今は「友達」と呼べる人が少しずつできてきている。それだけでこの仕事に生きがいを感じて、もっと頑張れる気がしているんだ。

「食べるものが健康で無ければ、考え方も不健康になるよ」と友人に注意された。昔と違って今はスーパーで「安くて粗悪な食品」と「高くても無添加無農薬」のものを選べるようになっている。だから少し無理してでも健康的な食材を選ぶようになった。考えてみれば「どうせ俺なんて」とか「俺の人生なんてなんの価値も無い」とか、本気で思っていた時期は、カップラーメンやコンビニのスナック菓子ばっかり食べていたなあ……と昔の自分を思い出す。


あの少年の未来がこんなふうであればよい、と願っている。

私達は「命の根源の海」から来て「根源の海」に還る

胎児の私にとっては母親の胎内はまだ「根源の海」だった
その平和な海の中からある日突然、抗えないほどの強い力で押し出され
暗く狭いトンネルを、苦しさに耐えて通り抜け
明るくまぶしいこの世界に出て来た

生まれることは苦しかったけれど
本当の恐怖の感情は母親（根源の海）との強制的な分離の体験だった
「ああ、だから人間は孤独だと病んでしまうんだな」とぼんやりと思った
生まれることは苦しかったけれど、母は私よりもっと苦しそうだった

生まれる前にいたところに、死ぬ気もないのに還ってしまったことがある

薄れていく「私」という感覚
「私」という自我を手離すのは恐怖だった
あがいて、あがいて
私は「私」という感覚に執着した

もっと自分を大切にすればよかった
もっと人を許せばよかった
もっと親孝行すればよかった
もっと大事な人に感謝を伝えればよかった

もっと
この身体を手離す前に
やっておきたいことがもっともっとあった

髪の毛が真っ白になるほどの恐怖にあがき疲れて

「私」を手離したあとは
永遠に続く静寂と平穏だった
「この世のシステム」と「あの世のシステム」の違いが手に取るように理解できた

「過去」は「宿業《しゅくごう》」
「今」は「観自在」
「未来」は「自由意思」
でも「過去」も「未来」も今この瞬間しか存在しない
「今」は観自在の世界
だから観「世界の見方や認知」が変わると
「過去」も「未来」も書き換えができるのだ

死んで初めて人間は「仏」になり、すべてを悟る
だから3次元に生きている間は3次元のことをちゃんと体験しないといけなかった
悟りも修行もスピリチュアルも

必須のことでも万人が目指すべきことでも無く
ちゃんと各々の3次元を体験して
「いろいろあったけど楽しかった」と思って道に迷わず死ねれば
ちゃんと身体を脱ぎ捨てるときにすべて思い出すのだから

私達は「命の根源」と1つである限り「孤独」を体験できない
だから「自分を癒す」「他者を愛す」という感情も体験できない
命の根源である私達は
「苦しみ」「悲しみ」「後悔」「不安」「喜び」「感動」「平和」を
本当の意味では味わえない

だからこそ
この3次元に出て来られる魂は順番待ちで
幸せも不幸も「ちゃんと味わう」ために3次元に生まれてくる
私達はあちら側の「命の根源の海」から

わざわざ肉体という入れ物に魂を分離して
孤独や失望や葛藤や苦しみを体験するためにやって来る

自分の不完全さや無力さを体感して
愛や赦しを学ぶために

私たちは命の根源の海から来て命の根源の海に還る
根源と1つになっている間は平和と普遍と静けさと無限しか無い
だからこそ私たちは地球という遊び場に生まれて来たかった
何百年も順番待ちしてでもいろいろな体験や喜びや悲しみや怒りを体験したかった

命は
宇宙の意識は「体験」を味わいたかった
何百年も順番待ちしてようやく来た「体験のチャンス」は全部
本当はありがたいもの

私達は「命の根源の海」から来て「根源の海」に還る
自我の入れ物が「根源の海」に溶けて消えるときに
「ああ、地球に人として生きたあの時間は」
「あれは泡沫のような短い夢だったのだな」と
うっすらと思い出すだろうから

おわりに

今、世間は２０２５年７月の予言で盛り上がっています。１９９９年の終末予言を信じて享楽のかぎりをつくした人達のように全財産を浪費して死ぬか……。

今日隕石が落ちるとニュースで流れても、いつもと同じ仕事をするために仕事に出かけるか、最後だからと大事な人達を皆集めて心残りが無いようにたくさん話をするか。最後の日をどう生きるかが自分の霊格の現れです。

せっかく、何百年もの順番待ちをして３次元に来られた貴方ですから、３次元でしかできない勉強をしていったほうがよいと思います。親も学校も教えてくれない、本当の宇宙ルールを知っていたら、あちらの世界に移行することも怖くは無くなりますから。

貴方のまわりの「一見、何も無いように見える空間」は、実は「まだ３次元化していないエネルギーの海」なんです。だからその無限のエネルギーの海にどんな思念エネルギーを入力してどんな３次元化を起こすかは、本当に貴方の「マインドの在り方」

1つです。

この世界の本当のアセンションは「自分の心的エネルギーが平和な波動であることに責任を持つ」ということが、この世界の普通、あたりまえになったときです。この先、大災害もアセンションも3次元で起こるでしょう。

でも自分の魂が悟ったり、学んだりしたことは、よいカルマとなって自分の魂の一部に残ります。そしてその魂の情報は地球がリセットしても、次元上昇するにしても、自らの魂を自らが救うことに必ず役立つのです。

現実的な話をすると、この本を読んでくださった方には、私の「引き寄せの法則講座」を聞いていただきたいと思います。アセンション後の世界でも「本当の宇宙ルール」を知っているといないとでは、生きやすさが全然違います。

願望達成の法則として、自分を取り巻くエネルギーフィールド（素粒子の海）に自分の「意図」を入力し、手に入れたいものの対価（3次元世界では「お金」）を投入するというルールがあります。なぜ「引き寄せの法則」に「対価」が必要かという

と、自分の潜在意識に「私は価値のあるものにお金というエネルギーを投入しました！　だからそれに見合う成果を受け取れます！」と実感してもらうためです。願望達成には、実感を伴う必要があるのです。新しい価値観の世界に移行する前にぜひどうぞ！

今回この本がつないでくれた、エネルギーのやり取りをしたご縁の貴方。
新しい世界でまたお会いしましょう！

２０２４年12月

中島由美子

中島由美子（なかじま ゆみこ）

（株）シャンティアジアプロモーション代表。ホリスティック数秘術®協会代表理事。数秘カウンセラー。レイキティーチャー。自然療法士、ホリスティックヒーラー、催眠療法士。「天が味方する！ 引き寄せの法則」講師。この宇宙の理を知るべく、約40年間、1000万円以上かけて、国内外のスピリチュアルの指導者たちから学ぶ。アジア各国の貧困に苦しむ女性や子どもの支援のためフェアトレードに取り組み、海外直輸入のパワーストーンや衣料雑貨の販売、イベントなどを行う店舗を長野県の飯田、伊那、松本、諏訪で展開。特にパワーストーンは、お悩みをカウンセリングしてふさわしい石を選ぶ。これにより、フェナカイトだけでなく、著者の店舗でパワーストーンを買い、人生を一発逆転させたお客様は数知れず。ＵＦＯとの接近遭遇を体験したあと、自身も金運に恵まれ、ますます天の後押しを感じている。本書のイラストは昔漫画家を目指していた著者によるもの。著書に『高次元に味方される生き方』（小社刊）。

シャンティアジアプロモーション　インスタグラム
https://www.instagram.com/shantiasia6969/

＊ホリスティック数秘術®協会認定数秘カウンセラー養成講座／レイキヒーラー養成講座／ヒーラーセラピスト®養成講座／スピリチュアルヒプノセラピスト養成講座等　開催中
＊現在、ヒプノセラピー個人セッションは受けつけていません。

オンラインショップ
https://shantiasia.theshop.jp/

書籍購入特典

著者が撮影したUFOの数々を動画でご紹介します。これまで見たこともないUFOのさまざまな姿を、ぜひご覧ください。

https://www.therapylife.jp/sp/sap2/

宇宙意識に聞いた
終末予言の「真実」

2025年2月4日　初版第1刷発行

著　者　中島由美子
発行者　東口敏郎
発行所　株式会社 BAB ジャパン
〒151-0073 東京都渋谷区笹塚 1-30-11　4・5F
TEL　03-3469-0135　　FAX　03-3469-0162
URL　http://www.bab.co.jp/
E-mail　shop@bab.co.jp
郵便振替　00140-7-116767
印刷・製本　中央精版印刷株式会社
Illustration　中島由美子
Design　石井香里

ISBN978-4-8142-0692-6　C2077

天から１億円が降ってきた！UFO との遭遇 !?

書籍

高次元に味方される生き方

～引き寄せる～

平和で豊かな人になるための宇宙ルール

高次元に味方される生き方をすれば、
どんな人生も幸運な人生へ大転換

なんで、私の人生うまくいかないの？

そう思って本書が気になった貴方、すでにエネルギーのやり取りが始まっています。

著者とその周辺に起きた超ラッキーな出来事を読み、引き寄せの方法を得て、つながった因果の糸で貴方もラッキーをたぐり寄せてください！

著者が経営する長野県のショップ＆スクールで起きる、一発逆転の奇跡。スピリチュアルな手法を学んで得た宇宙の真理を活用し、３次元を変えるノウハウを伝授します。

■中島由美子 著　■四六判　■ 224 頁　■本体：1,600 円＋税

CONTENTS

■第１章　自分に起きた奇跡に途方にくれる
内面の心的エネルギーはいずれ現実化する / 貴方の運命数を割り出してみよう

■第２章　奇跡は私の店で起きている！ 続々と起こるラッキーな出来事
「天から１億円が降ってきた！」奇跡的なラッキーが起きる / 年商１億円と１億円詐欺

■第３章　知っていると楽に生きられる 心の法則
信頼という「因果の糸」を結ぶ / 親も学校も教えてくれない「10 人の人間関係のルール」

■第４章　天とつながる !? バリ島で出会った超スピリチュアルな人々
カルマは今この瞬間も作られている / バリ島は超常現象の宝庫だった! 運命を変えたバリ暮らし

■第５章　「宇宙のルール」に従って生きるツール
占いや数秘カウンセリングをアドバイスの手段に / 貧乏神の正体は……

■第６章　天に味方される生き方　嫌わられる生き方
お金のよい流れを作れないのはなぜか？ / 安ければよいという選択の先にあるもの

■第７章　宇宙のルール探しの旅は自分に還る旅だった
ありとあらゆる命は宇宙の生命エネルギーに完全に帰属している　...etc

BAB ジャパン　スピリチュアル関連オススメ書籍

人生を浄化する

書籍　パワーストーンと隕石の真実

オーラとチャクラが整い、体・心・魂がバージョンアップ！ 鉱物療法としてのパワーストーンを選ぶ！身につける！使う！ この本では、マユリ自身がクリスタルセラピーのセッションを行い、パワーストーンを処方して、繰り返し実感したことのみをお伝えしています。20 年以上にわたって培ってきた、経験と知識が詰まっています。

●マユリ 著　●四六判　● 256 頁　●本体 1,600 円 + 税

みかんありさのインナージャーニー

書籍　私が生まれ変わるヒプノセラピー

ヒプノセラピーで「内なる自分」を旅しよう。「人生のどんなときもヒプノセラピー（催眠療法）は私達に寄り添ってくれます。生きにくさや不安を感じている人、変化のときを迎えている人が本書から気づきを得られますように」 宮崎ますみさん（ヒプノセラピスト・女優・エッセイスト）推薦 !!

●みかんありさ 著　● A5 判　● 192 頁　●本体 1,500 円 + 税

正答率100%！ ダウジングで直観力を開く

書籍　速習！ペンジュラム

ペンジュラム・ダウジングが行えるようになると、良いエネルギーを発している最適な物・人・場所・未来などを選ぶことが出来るようになり、日常生活に大いに役立たせられるようになります。さらに、龍を探知したり未来を予知するなど、直観力＆サイキック能力も磨かれていきます。

●マユリ 著　●四六判　● 224 頁　●本体 1,400 円 + 税

強運、金運、龍神を味方につける最幸の法則

書籍　強・金・龍

この本が目にとまったあなた最幸の人生が待ってるわよ！ 富と豊かさと幸せを手に入れる最強の運気アップ術を愛にあふれた激辛口で指南！20 年でのべ 10 万人を鑑定！ この世には成功か大成功しかない！ 多くの悩める女性たちを光へ導いてきた竜庵先生が本気ぶっこいて語ります!!

●竜庵 著　●四六判　● 224 頁　●本体 1,500 円 + 税

超古代文字が教えてくれるサヌキ【男】アワ【女】しあわせの智恵

書籍　はじめてのカタカムナ

「カタカムナ」を知りたいと感じるすべての方に向けた、「はじめてのカタカムナ」！ 八百万の神さまの名前の由来にもなった超古代文字「カタカムナ」には、女性のしあわせな在り方や暮らし方、男女のパートナーシップのこと、子育てや今後の教育のための大切なヒントが隠され伝えられています！

●板垣昭子 著　●四六判　● 256 頁　●本体 1,400 円 + 税

BAB ジャパン　スピリチュアル関連オススメ書籍

輝く人生を送るためのスピリチュアルガイドブック

書籍　精神世界の歩き方

どんなにすばらしいスピリチュアルな理念や理想に触れたとしても、その解釈と運用を誤ると、目指す方向と真逆に進むこともある。地に足のついたスピリチュアリティこそが、暴走しがちなエゴを制御し、魂の歓喜をもたらす。人生を輝かせる「真のスピリチュアリティ」を本書で見つけてください。

●小笠原英晃 著　●四六判　● 272 頁　●本体 1,600 円＋税

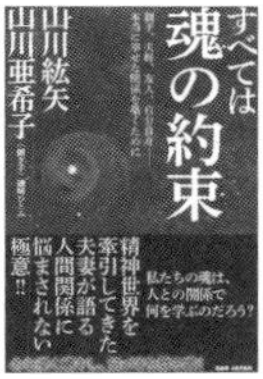

親子、夫婦、友人、自分自身——本当に幸せな関係を築くために

書籍　すべては魂の約束

あなたの魂は何を望み生まれたのか、これから何を果たそうとしているのでしょうか。私たちの魂は、人との関係で何を学ぶのだろう? 精神世界を牽引してきた夫妻が語る人間関係に悩まされない極意!! 心を深く癒やし、気づきを得る書!

●山川紘矢、亜希子 著　磯崎ひとみ（聞き手）
●四六判　● 256 頁　●本体 1,400 円＋税

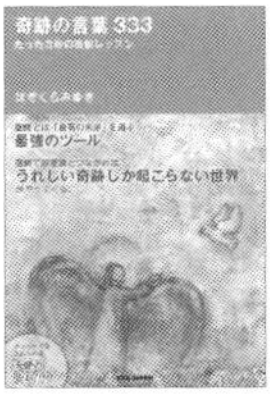

たった 3 秒の直感レッスン

書籍　奇跡の言葉 333

直観で超意識とつながれば、うれしい奇跡しか起こらない世界がやってくる。この本は、やすらぎと希望が湧き上がり、奇跡を呼び込むための、さまざまなコトダマとアファメーションが 333 個、載っています。その言葉を選びながら、直観力を高めていこうというものです。

●はせくらみゆき 著　●四六判　● 368 頁　●本体 1,400 円＋税

「どうせできない」が「やってみたい!」に変わる

書籍　科学で解明! 引き寄せ実験集

著者は 20 年以上、「引き寄せ」を実践し続けている 2 人。「引き寄せ」とは、あなたの願いが魔法のように急にあらわれるものではありません。実は、毎日の生活の中に当たり前のように溢れています。この本の 7 つの引き寄せ実験を通して、あなたが叶えたい真実の願いが分かり実現します!

●濱田真由美、山田ヒロミ 著　●四六判　● 208 頁　●本体 1,300 円＋税

ピッとシンプルに「魅力」や「才能」を開花させる

書籍　読むだけで 宇宙とつながる 自分とつながる

セミナーは即時満席! カリスマ講師による“世界一おもしろい”宇宙話!! 自分とつながるとか宇宙とか流行っているけどどういうこと?という方への超入門書。哲学や宗教ではない、世界一面白くて実用的な宇宙本です。読むと、あなたの世界が変わって見えるでしょう。

●リリー・ウィステリア 著　●四六判　● 256 頁　●本体 1,300 円＋税